GO MATH!

¡VIVAN LAS MATEMÁTICAS!

Volumen 2

Hecho en los Estados Unidos
Impreso en papel reciclado

ISBN 978-0-544-67810-1

3 4 5 6 7 8 9 10   0877   24 23 22 21 20 19 18

4500694984   C D E F G

Estimados estudiantes y familiares:

Bienvenidos a **Go Math! ¡Vivan las matemáticas!** para kindergarten. En este estimulante programa de matemáticas, encontrarán actividades prácticas y problemas de la vida diaria que tendrán que resolver. Y lo mejor de todo es que podrán escribir sus ideas y respuestas directamente en el libro. El hecho de que puedan escribir y dibujar en las páginas, les ayudará a percibir más detalladamente lo que están aprendiendo y las matemáticas serán fáciles de entender.

También deseamos compartir con ustedes algo muy importante: se ha usado papel reciclado en la impresión de este libro. Queremos que sepan que al participar en el programa **Go Math! ¡Vivan las matemáticas!** ustedes estarán ayudando a proteger el medio ambiente.

Atentamente,
Los autores

Hecho en los Estados Unidos.
Impreso en papel reciclado.

GO MATH!

¡VIVAN LAS MATEMÁTICAS!

Autores

Juli K. Dixon, Ph.D.
Professor, Mathematics Education
University of Central Florida
Orlando, Florida

Edward B. Burger, Ph.D.
President, Southwestern University
Georgetown, Texas

Steven J. Leinwand
Principal Research Analyst
American Institutes for
　Research (AIR)
Washington, D.C.

Colaboradora

Rena Petrello
Professor, Mathematics
Moorpark College
Moorpark, CA

Matthew R. Larson, Ph.D.
K-12 Curriculum Specialist for
　Mathematics
Lincoln Public Schools
Lincoln, Nebraska

Martha E. Sandoval-Martinez
Math Instructor
El Camino College
Torrance, California

Consultores de English Language Learners

Elizabeth Jiménez
CEO, GEMAS Consulting
Professional Expert on English
　Learner Education
Bilingual Education and
　Dual Language
Pomona, California

Números y operaciones

 Estándares comunes   **Área de atención**   Representar, relacionar y hacer operaciones de números enteros, inicialmente con conjuntos de objetos

1 Representar, contar y escribir números del 0 al   9

Área   Conteo y números cardinales
      Operaciones y pensamiento algebraico

ESTÁNDARES ESTATALES COMUNES
K.CC.A.3, K.CC.B.4a, K.CC.B.4b, K.CC.B.4c

2 Comparar números hasta el 5   77

Área   Conteo y números cardinales

ESTÁNDARES ESTATALES COMUNES
K.CC.C.6

Área de atención

APRENDE EN LÍNEA

¡Visítanos en Internet! Tus lecciones de matemáticas son interactivas. Usa iTools, Modelos matemáticos animados y el Glosario multimedia, entre otros.

Presentación del Capítulo 1

En este capítulo, vas a explorar y descubrir las respuestas a las siguientes **Preguntas esenciales:**

- ¿Cómo muestras, cuentas y escribes números?
- ¿Cómo muestras los números del 0 al 5?
- ¿Cómo cuentas los números del 0 al 5?
- ¿Cómo escribes los números del 0 al 5?

Presentación del Capítulo 2

En este capítulo, vas a explorar y descubrir las respuestas a las siguientes **Preguntas esenciales:**

- ¿Cómo formar y comparar conjuntos te ayuda a comparar números?
- ¿Cómo emparejar te ayuda a comparar conjuntos?
- ¿Cómo contar te ayuda a comparar conjuntos?
- ¿Cómo sabes si el número de fichas en un conjunto es el mismo, mayor que o menor que el número de fichas en otro conjunto?

En este capítulo, vas a explorar y descubrir las respuestas a las siguientes **Preguntas esenciales:**

- ¿Cómo muestras, cuentas y escribes los números del 6 al 9?
- ¿Cómo muestras los números del 6 al 9?
- ¿Cómo cuentas los números del 6 al 9?
- ¿Cómo escribes los números del 6 al 9?

Práctica y tarea

Repaso de la lección y Repaso en espiral en cada lección

3 Representar, contar y escribir números del 6 al 9 — 115

Área Conteo y números cardinales

ESTÁNDARES ESTATALES COMUNES
K.CC.A.3, K.CC.B.5, K.CC.C.6

Zoológico de contacto
Abierto

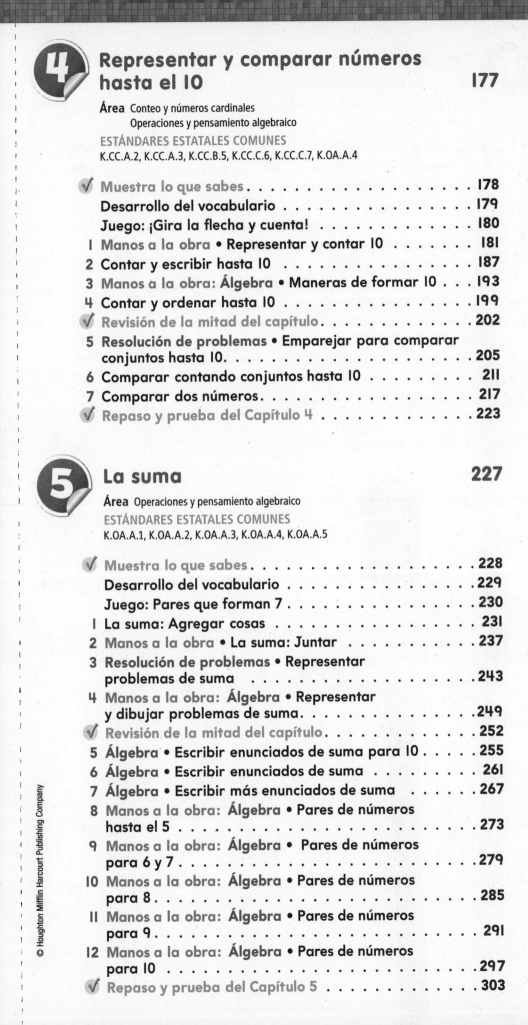

4 Representar y comparar números hasta el 10 — 177

Área Conteo y números cardinales
Operaciones y pensamiento algebraico

ESTÁNDARES ESTATALES COMUNES
K.CC.A.2, K.CC.A.3, K.CC.B.5, K.CC.C.6, K.CC.C.7, K.OA.A.4

Presentación del Capítulo 4

En este capítulo, vas a explorar y descubrir las respuestas a las siguientes **Preguntas esenciales:**
• ¿Cómo muestras y comparas los números hasta el 10?
• ¿Cómo cuentas hacia adelante hasta el 10?
• ¿Cómo muestras los números del 1 al 10?
• ¿Cómo hacer un modelo te ayuda a comparar dos números?

5 La suma — 227

Área Operaciones y pensamiento algebraico

ESTÁNDARES ESTATALES COMUNES
K.OA.A.1, K.OA.A.2, K.OA.A.3, K.OA.A.4, K.OA.A.5

Presentación del Capítulo 5

En este capítulo, explorarás y descubrirás las respuestas a las siguientes **Preguntas esenciales:**
• ¿Cómo mostramos la suma?
• ¿Cómo nos pueden ayudar los objetos o los dibujos a mostrar la suma?
• ¿Cómo puedes usar números y signos para mostrar la suma?

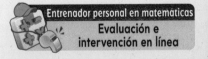

Entrenador personal en matemáticas
Evaluación e intervención en línea

Presentación del Capítulo 6

En este capítulo, explorarás y descubrirás las respuestas a las siguientes **Preguntas esenciales:**

- ¿Cómo muestras la resta?
- ¿Cómo puedes usar números y signos para mostrar un enunciado de resta?
- ¿Cómo te ayudan los objetos y los dibujos a resolver problemas?
- ¿Cómo te ayuda "representar" a resolver problemas de resta?
- ¿Cómo te ayuda la suma a resolver problemas resta?

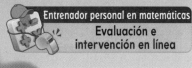

Entrenador personal en matemáticas
Evaluación e intervención en línea

6 La resta 307

Área Operaciones y pensamiento algebraico
ESTÁNDARES ESTATALES COMUNES
K.OA.A.1, K.OA.A.2, K.OA.A.5

Ovejas y patos

7 # Representar, contar y escribir del 11 al 19   357

Áreas Conteo y números cardinales
       Números y operaciones en base diez
ESTÁNDARES ESTATALES COMUNES
K.CC.A.3, K.NBT.A.1

**Presentación del
Capítulo 7**

En este capítulo, explorarás
y descubrirás las respuestas
a las siguientes **Preguntas
esenciales:**

• ¿Cómo muestras, cuentas
y escribes los números del
11 al 19?

• ¿Cómo muestras los
números del 11 al 19?

• ¿Cómo lees y escribes los
números del 11 al 19?

• ¿Cómo puedes mostrar los
números del 13 al 19 como
10 y algunos más?

8 # Representar, contar y escribir de 20 en adelante   425

Área Conteo y números cardinales
COMMON CORE STATE STANDARDS
K.CC.A.1, K.CC.A.2, K.CC.A.3, K.CC.B.5, K.CC.C.6

**Presentación del
Capítulo 8**

En este capítulo, explorarás
y descubrirás las respuestas
a las siguientes **Preguntas
esenciales:**

• ¿Cómo muestras, cuentas
y escribes los números
hasta el 20 y más?

• ¿Cómo muestras y cuentas
los números hasta 20?

• ¿Cómo puedes contar los
números hasta 50 por
unidades?

• ¿Cómo puedes contar los
números hasta 100 por
decenas?

Presentación del Capítulo 9

En este capítulo, explorarás y descubrirás las respuestas a las siguientes **Preguntas esenciales:**

- ¿Cómo podemos identificar, nombrar y describir figuras bidimensionales?

- ¿Cómo te ayuda a juntar figuras el hecho de conocer las partes de las figuras bidimensionales?

- ¿Cómo te ayuda a identificar figuras el hecho de conocer los lados y los vértices de las figuras bidimensionales?

Entrenador personal en matemáticas
Evaluación e intervención en línea

VOLUMEN 2
Geometría y posiciones

Estándares comunes Área de atención Describir las formas y espacio

9 Identificar y describir figuras bidimensionales 489

Área Geometría

ESTÁNDARES ESTATALES COMUNES
K.G.A.2, K.G.B.4, K.G.B.6

Identificar y describir figuras tridimensionales   569

Área Geometría

ESTÁNDARES ESTATALES COMUNES
K.G.A.1, K.G.A.2, K.G.A.3, K.G.B.4

Presentación del Capítulo 10

En este capítulo, explorarás y descubrirás las respuestas a las siguientes **Preguntas esenciales:**
• ¿Cómo identificar y describir figuras te ayuda a ordenarlas?
• ¿Cómo puedes describir las figuras tridimensionales?
• ¿Cómo puedes organizar las figuras tridimensionales?

Práctica y tarea

Repaso de la lección y Repaso en espiral en cada lección

¡Aprende en línea!

Tus lecciones de matemáticas son interactivas. Usa *i*Tools, Modelos matemáticos animados y el Glosario multimedia.

Presentación del Capítulo 11

En este capítulo, explorarás y descubrirás las respuestas a las siguientes **Preguntas esenciales:**

- ¿Cómo comparar objetos te ayuda a medirlos?
- ¿Cómo comparas la longitud de los objetos?
- ¿Cómo comparas la altura de los objetos?
- ¿Cómo comparas el peso de los objetos?

Presentación del Capítulo 12

En este capítulo, explorarás y descubrirás las respuestas a las siguientes **Preguntas esenciales:**

- How does sorting help
- ¿Cómo ordenar te puede ayudar a mostrar información?
- ¿Cómo ordenas y clasificas objetos por su color?
- ¿Cómo ordenas y clasificas objetos por su forma?
- ¿Cómo ordenas y clasificas objetos por su tamaño?
- ¿Cómo muestras información en una gráfica?

Medición y datos

Área de atención Representar, relacionar y hacer operaciones de números enteros, inicialmente con conjuntos de objetos

11 Medición — 645

Área Medición y datos
ESTÁNDARES ESTATALES COMUNES
K.MD.A.1, K.MD.A.2

12 Clasificar y ordenar datos — 683

Área Medición y datos
ESTÁNDARES ESTATALES COMUNES
K.MD.B.3

Diversión en la escuela

escrito por Ann Dickson

 Estándares comunes — **ÁREA DE ATENCIÓN** Describir las formas y el espacio

1. Firma.

2. Deja la mochila.

3. Escoge un centro.

Este es mi salón. Pasen adelante.

La hora de aprender está a punto de empezar.

Estudios Sociales

¿Por qué tenemos reglas?

Estas son las mochilas que colgamos según los nombres. Encierra en un círculo las dos parecidas.

¿Por qué tenemos que esperar turno?

Estudios Sociales

Diversión en la escuela

1
2
3

Estos son los libros. ¡Todos los leeremos!

¿Qué libros son grandes?

¿Qué libros son pequeños?

Estudios Sociales

484 cuatrocientos ochenta y cuatro

¿Por qué ayudamos a los demás?

Aquí hay muchos marcadores.

Nombra todos los colores que puedes

encontrar.

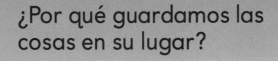

Estudios
Sociales

¿Por qué guardamos las
cosas en su lugar?

Nuestros bloques y juguetes están de este lado.

¿Cuáles figuras son redondas?

¿Cuáles figuras son cuadradas?

Estudios Sociales

¿Por qué compartimos?

Escribe sobre el cuento

Repaso del vocabulario

igual

diferente

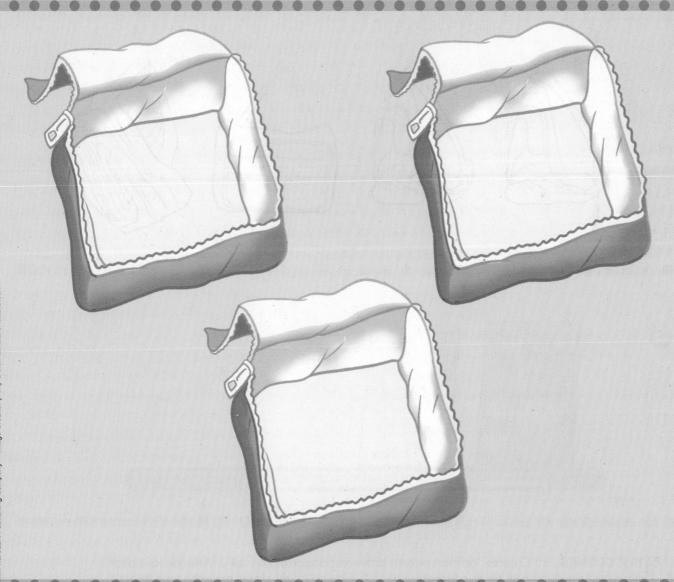

INSTRUCCIONES Estas fiambreras son iguales. Dibuja en una fiambrera algo que te guste comer. Ahora encierra en un círculo la fiambrera que sea diferente.

Iguales y diferentes

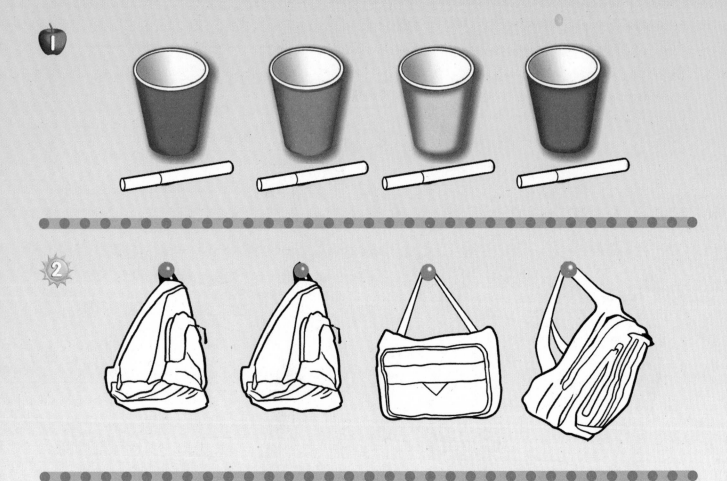

INSTRUCCIONES **1.** Colorea los marcadores para emparejarlos con los colores de los vasos.
2. Colorea las mochilas que tengan forma igual. **3.** Este salón de clases necesita más libros.
Dibuja un libro de otro tamaño.

Identificar y describir figuras bidimensionales

Aprendo más con

Jorge el Curioso

Las velas de estos botes tienen forma de triángulo.

- ¿Cuántas franjas tiene la vela del bote más cercano?

Nombre _____

✓ Muestra lo que sabes

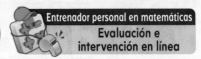
Entrenador personal en matemáticas
Evaluación e
intervención en línea

Figura

 1

 2

 3

Cuenta objetos

 4

_____

- - - - - - -

5

_____

- - - - - - -

 6

_____

- - - - - - -

Esta página es para comprobar si los niños comprenden las destrezas importantes que se necesitan para tener éxito con el Capítulo 9.

INSTRUCCIONES 1–3. Observa la figura del principio de la hilera. Marca con una X la figura que es igual.   4–6. Cuenta y di cuántos hay. Escribe el número.

Nombre _____

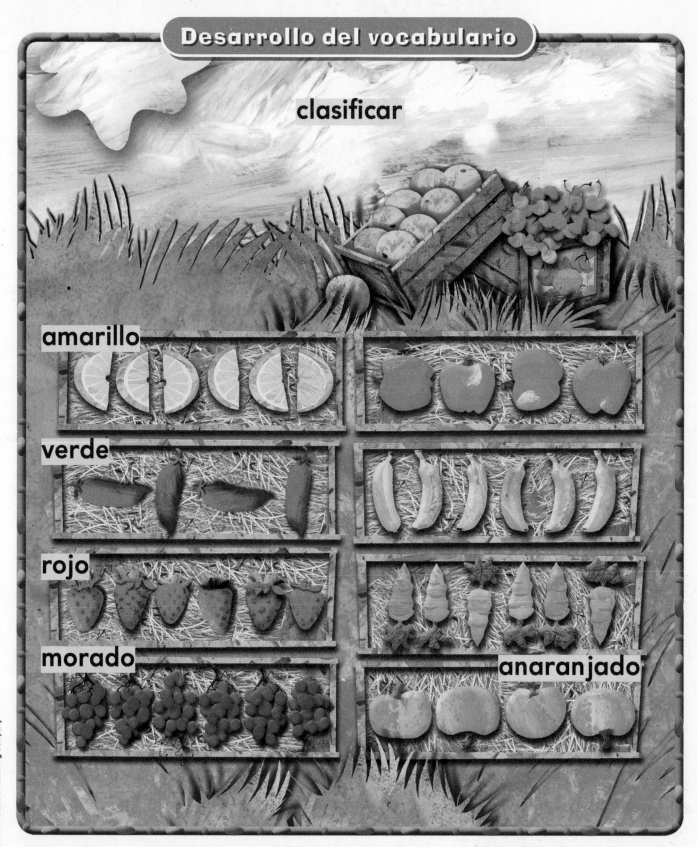

Desarrollo del vocabulario

clasificar

amarillo

verde

rojo

morado

anaranjado

INSTRUCCIONES Encierra en un círculo el cajón clasificado con vegetales de color verde. Marca con una X el cajón clasificado con frutas de color morado.

• **Libro interactivo del estudiante**
• **Glosario multimedia**

Juego Ilustración numérica

INSTRUCCIONES Juega con un compañero. Decidan quién empieza. Lancen el cubo numerado. Coloreen una figura de la ilustración que contenga el número que salió. Si sale un número y las figuras que contienen ese número ya están coloreadas, el jugador pierde un turno. Continúen hasta colorear todas las figuras de la ilustración.

MATERIALES cubo numerado (marcado 1, 2, 2, 3, 3, 4), crayones

Vocabulario del Capítulo 9

cero, ninguno

zero

8

círculo

circle

13

cuadrado

square

17

curva

curve

20

diferente

different

33

hexágono

hexagon

45

igual

alike

46

lado

side

48

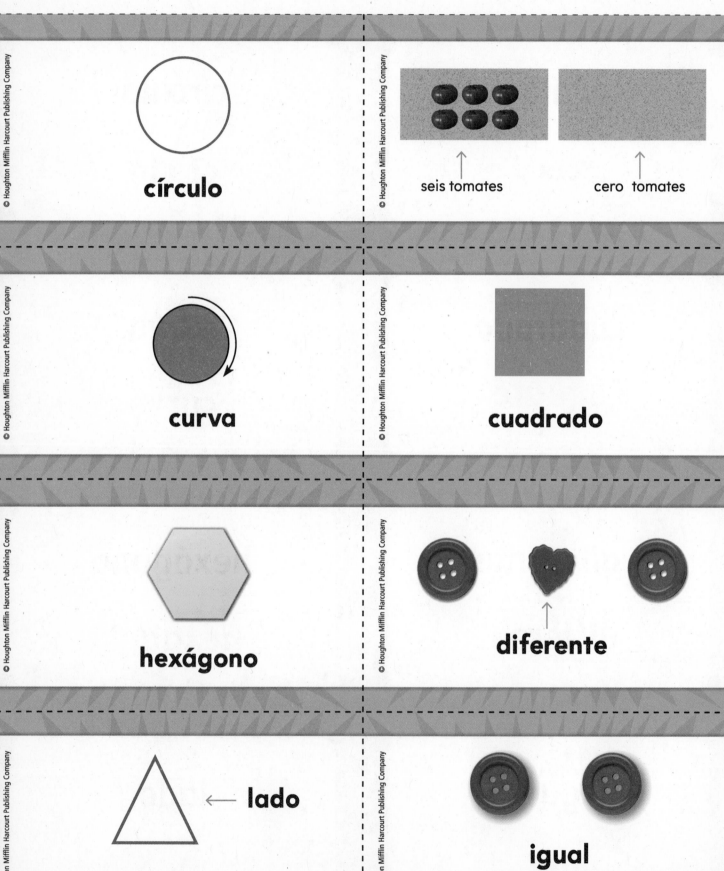

círculo

seis tomates   cero tomates

curva

cuadrado

hexágono

diferente

← **lado**

igual

Vocabulario del Capítulo 9 *(continuación)*

rectángulo rectangle 67	**triángulo** triangle 79
vértice vertex 84	**vértices** vertices 84

triángulo

rectángulo

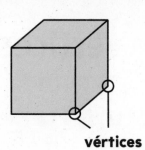

vértices

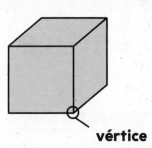

vértice

Formas

círculo

curva

hexágono

rectángulo

lado

cuadrado

triángulo

vértice

INSTRUCCIONES Di cada palabra. Di algo que sepas de la palabra.

Capítulo 9

cuatrocientos noventa y dos **492A**

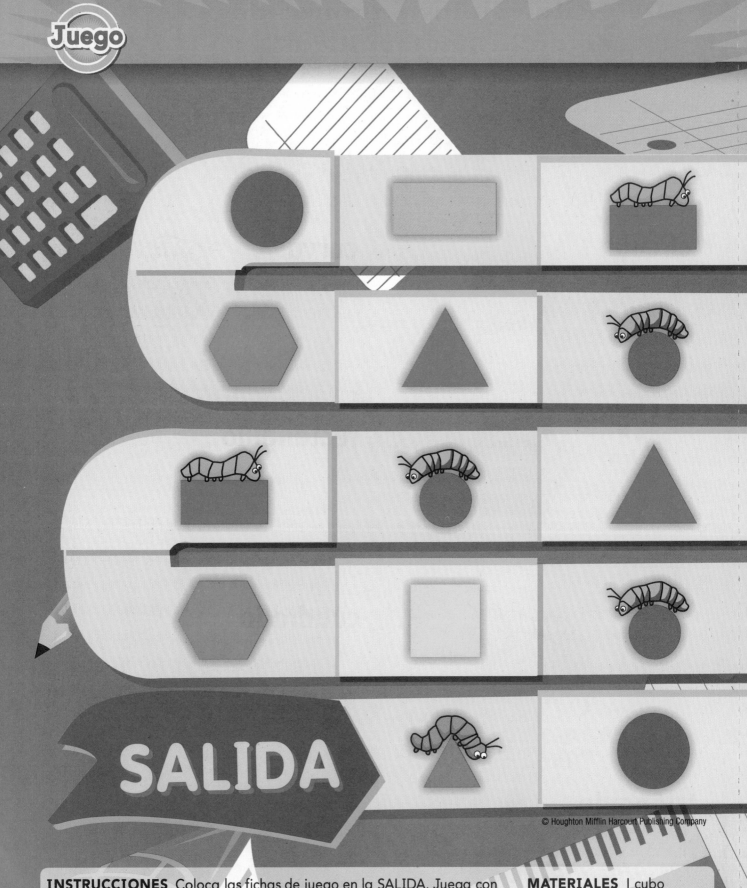

SALIDA

© Houghton Mifflin Harcourt Publishing Company

INSTRUCCIONES Coloca las fichas de juego en la SALIDA. Juega con un compañero. Túrnense. Lanza el cubo numerado. Avanza esa cantidad de espacios. Si un jugador puede mencionar la forma y decir algo de la forma, el jugador avanza 1 espacio. El primer jugador que llega a la META, es el ganador.

MATERIALES 1 cubo interconectable como pieza de juego para cada jugador, cubo numerado

META

Escríbelo

INSTRUCCIONES Elige dos formas. Haz dibujos para mostrar lo que sabes de la forma.
Reflexiona Prepárate para hablar de tu dibujo.

Nombre _____

Identificar y nombrar círculos

Pregunta esencial ¿Cómo podemos identificar y nombrar círculos?

Estándares comunes **Geometría—K.G.A.2**

PRÁCTICAS MATEMÁTICAS
MP5, MP6, MP7

Escucha y dibuja *En el mundo*   *Manos a la obra*

círculos	no círculos

INSTRUCCIONES Pon dos figuras bidimensionales en la página. Identifica y nombra los círculos. Clasifica las figuras como círculos o no círculos. Traza y colorea las figuras en el tablero de clasificación.

Capítulo 9 • Lección I

1

INSTRUCCIONES 2. Colorea los círculos de la ilustración.

Resolución de problemas • Aplicaciones *En el mundo*

3

ESCRIBE

4

INSTRUCCIONES 3. Neville pone sus figuras en una hilera. ¿Qué figura es un círculo? Marca con una X esa figura. **4.** Dibuja para mostrar lo que sabes sobre los círculos. Cuéntale a un amigo lo que sabes sobre tu dibujo.

ACTIVIDAD PARA LA CASA • Pida a su niño que le muestre un objeto que tenga la figura de un círculo.

Identificar y nombrar círculos

Estándares comunes

ESTÁNDAR COMÚN—K.G.A.2
Identifican y describen las figuras geométricas (cuadrados, círculos, triángulos, hexágonos, cubos, conos, cilindros y esferas).

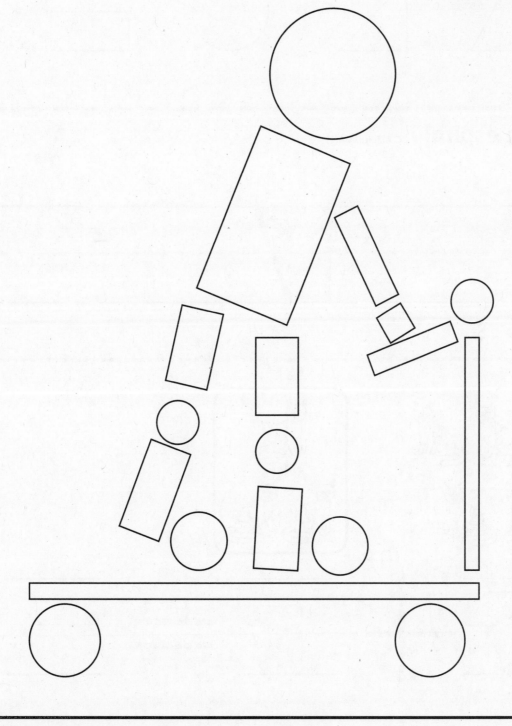

INSTRUCCIONES   **1.** Colorea los círculos de la ilustración.

Repaso de la lección (K.G.A.2)

 △ ○ ▭

Repaso en espiral (K.CC.A.2, K.0A.A.2)

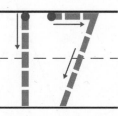

INSTRUCCIONES **1.** Colorea el círculo. **2.** Cuenta hacia adelante. Traza y escribe los números en orden. **3.** Traza y escribe para completar el enunciado de suma sobre el conjunto de gatos.

498 cuatrocientos noventa y ocho

PRACTICA MÁS CON EL
**Entrenador personal
en matemáticas**

Nombre _____

Describir círculos

Pregunta esencial ¿Cómo puedes describir los círculos?

Estándares comunes Geometría—K.G.B.4

PRÁCTICAS MATEMÁTICAS
MP5, MP7

Escucha y dibuja En el mundo

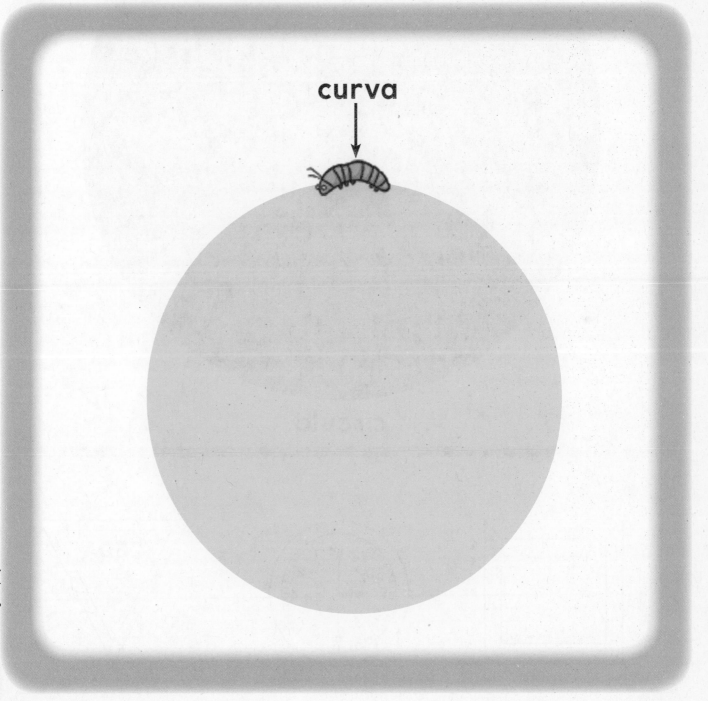

curva

INSTRUCCIONES Con el dedo, traza alrededor del círculo. Habla sobre la curva. Traza alrededor de la curva.

Capítulo 9 • Lección 2

círculo

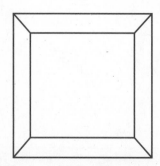

CEDA

INSTRUCCIONES **1.** Con el dedo, traza alrededor del círculo. Traza la curva alrededor del círculo. **2.** Colorea el objeto que tenga forma de círculo.

500 quinientos

INSTRUCCIONES 3. Pasa un lápiz por el extremo de un clip grande y apóyalo en uno de los puntos del centro de la página. Pon otro lápiz en el otro extremo del clip. Mueve el lápiz alrededor para dibujar un círculo.

Resolución de problemas • Aplicaciones

ESCRIBE

4

INSTRUCCIONES 4. Tengo una curva. ¿Qué figura soy? Dibuja la figura. Dile a un amigo el nombre de la figura.

ACTIVIDAD PARA LA CASA • Pida a su niño que describa un círculo.

Describir círculos

Estándares comunes

ESTÁNDAR COMÚN—K.G.B.4
Analizan, comparan, crean y componen figuras geométricas.

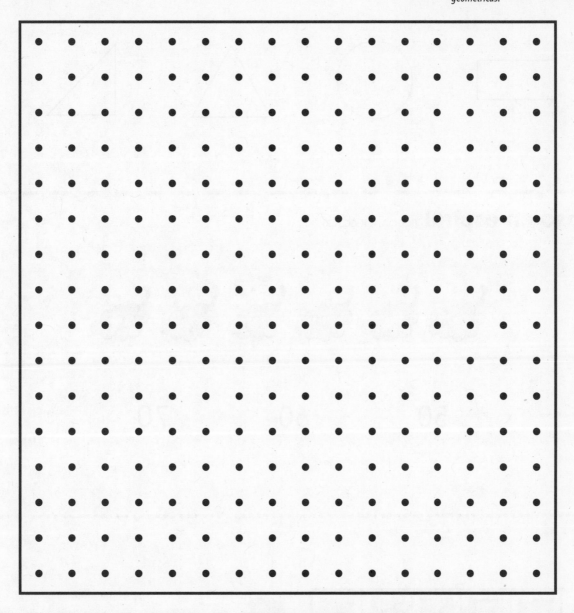

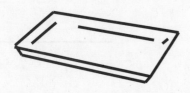 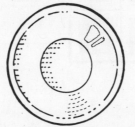 

INSTRUCCIONES **1.** Usa un lápiz para sujetar un extremo de un clip grande en uno de los puntos del centro. Pon otro lápiz en el otro extremo del clip. Mueve el lápiz para dibujar un círculo. **2.** Colorea el objeto que tenga forma de círculo.

Repaso de la lección (K.G.B.4)

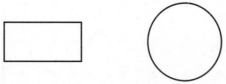

Repaso en espiral (K.CC.A.1, K.CC.A.3)

50   60   70

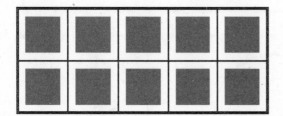   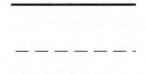

INSTRUCCIONES 1. ¿Cuál figura tiene una curva? Colorea la figura. **2.** Señala cada conjunto de 10 mientras cuentas por decenas. Encierra en un círculo el número que muestre cuántas uvas hay. **3.** ¿Cuántas fichas cuadradas hay? Escribe el número.

PRACTICA MÁS CON EL
Entrenador personal
en matemáticas

Nombre _____

Identificar y nombrar cuadrados

Pregunta esencial ¿Cómo identificamos y nombramos los cuadrados?

Estándares comunes Geometría—K.G.A.2

PRÁCTICAS MATEMÁTICAS
MP5, MP6, MP7

Escucha y dibuja En el mundo

 Manos a la obra

cuadrados	no cuadrados

INSTRUCCIONES Pon dos figuras bidimensionales en la página. Identifica y nombra los cuadrados. Clasifica las figuras como cuadrados o no cuadrados. Traza y colorea las figuras en el tablero de clasificación.

Capítulo 9 • Lección 3

INSTRUCCIONES I. Marca con una X todos los cuadrados.

INSTRUCCIONES 2. Colorea los cuadrados de la ilustración.

Resolución de problemas • Aplicaciones En el mundo

3

ESCRIBE

4

INSTRUCCIONES **3.** Dennis dibujó estas figuras. ¿Qué figuras son cuadrados? Marca con una X esas figuras. **4.** Dibuja para mostrar lo que sabes sobre los cuadrados. Dile a un amigo lo que sabes sobre tu dibujo.

ACTIVIDAD PARA LA CASA • Pida a su niño que le muestre un objeto que tenga la figura de un cuadrado.

508 quinientos ocho

Identificar y nombrar cuadrados

ESTÁNDAR COMÚN—K.G.A.2
Identifican y describen las figuras geométricas (cuadrados, círculos, triángulos, hexágonos, cubos, conos, cilindros y esferas).

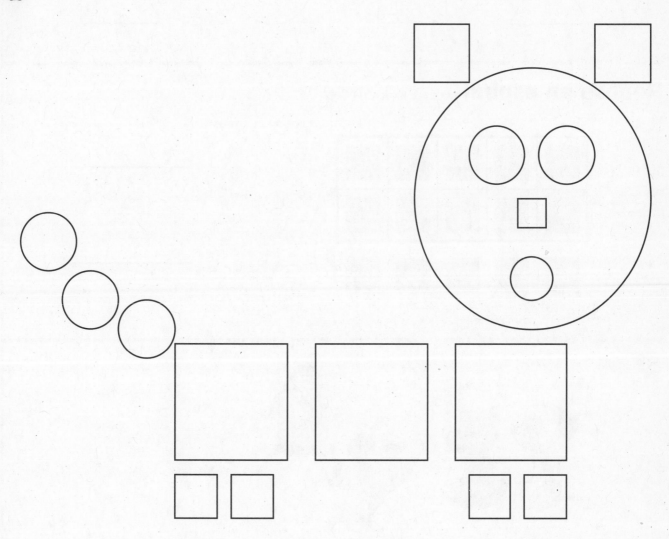

INSTRUCCIONES **I.** Colorea los cuadrados de la ilustración.

Repaso de la lección (K.G.A.2)

Repaso en espiral (K.CC.A.3, K.OA.A.1)

_____

- - - - - - - - -

_____

 2 y  2

_____

- - - - - - - - -

_____

INSTRUCCIONES **I.** ¿Cuál figura es un cuadrado? Colorea el cuadrado. **2.** ¿Cuántas fichas cuadradas hay? Escribe el número. **3.** Traza el número de cachorros. Traza el número de cachorros que se agregan. Escribe el número que muestra cuántos cachorros hay ahora.

510 quinientos diez

Nombre _____

Describir cuadrados

Pregunta esencial ¿Cómo puedes describir los cuadrados?

Estándares comunes Geometría—K.G.B.4

PRÁCTICAS MATEMÁTICAS
MP2, MP7, MP8

Escucha y dibuja

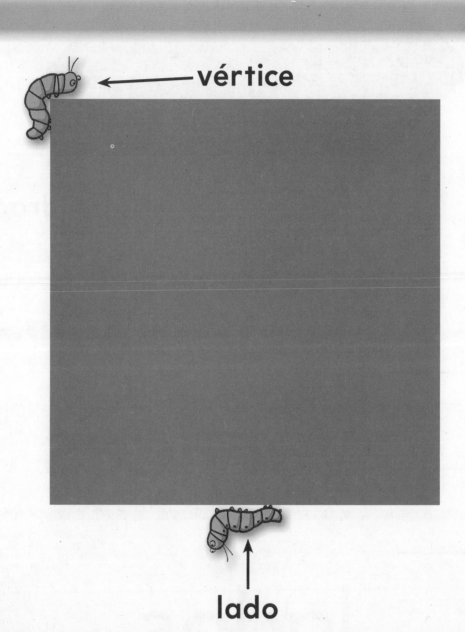

vértice

lado

INSTRUCCIONES Traza alrededor del cuadrado con tu dedo.
Habla sobre el número de lados y el número de vértices. Dibuja una
flecha que apunte a otro vértice. Traza los lados.

Capítulo 9 • Lección 4

quinientos once **511**

cuadrado

 ____

____ **vértices**

2 ____

____ **lados**

INSTRUCCIONES 1. Pon una ficha en cada esquina o vértice. Escribe cuántas esquinas o vértices hay. 2. Traza los lados. Escribe cuántos lados hay.

Nombre _____

INSTRUCCIONES   3. Dibuja y colorea un cuadrado.

Resolución de problemas • Aplicaciones

4 ESCRIBE

INSTRUCCIONES   4. Tengo 4 lados de igual longitud y 4 vértices. ¿Qué figura soy? Dibuja la figura. Dile a un amigo el nombre de la figura.

ACTIVIDAD PARA LA CASA • Pida a su niño que describa un cuadrado.

Describir cuadrados

Estándares comunes **ESTÁNDAR COMÚN—K.G.B.4**
Analizan, comparan, crean y componen figuras geométricas.

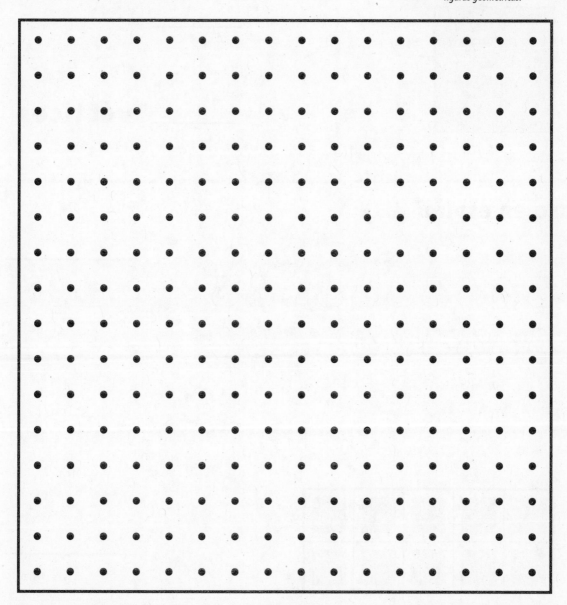

---

② _____
- - - - - -
_____ **vértices**

③ _____
- - - - - -
_____ **lados**

INSTRUCCIONES **I.** Dibuja y colorea un cuadrado. **2.** Pon una ficha en cada esquina o vértice del cuadrado que dibujaste. Escribe cuántas esquinas o vértices hay. **3.** Traza los lados del cuadrado que dibujaste. Escribe cuántos lados hay.

Repaso de la lección (K.G.B.4)

_____

_ _ _ _ _ _ _

_____ **vértices**

Repaso en espiral (K.CC.A.3)

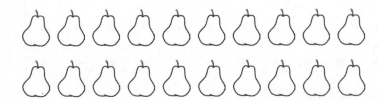

_____

_ _ _ _ _ _ _

_____

_____

_ _ _ _ _ _ _

_____

INSTRUCCIONES   1. ¿Cuántos vértices tiene el cuadrado?
Escribe el número.   **2.** Cuenta y di cuántas frutas hay. Escribe el
número.   **3.** ¿Cuántas fichas cuadradas hay? Escribe el número.

516 quinientos dieciséis

PRACTICA MÁS CON EL
**Entrenador personal
en matemáticas**

Nombre _____

Identificar y nombrar triángulos

Pregunta esencial ¿Cómo puedes identificar y nombrar los triángulos?

Estándares comunes Geometría—K.G.A.2

PRÁCTICAS MATEMÁTICAS
MP5, MP6, MP7

triángulos	no triángulos

INSTRUCCIONES Pon dos figuras bidimensionales en la página. Identifica y nombra los triángulos. Clasifica las figuras como triángulos o no triángulos. Traza y colorea las figuras en el tablero de clasificación.

INSTRUCCIONES 1. Marca con una X todos los triángulos.

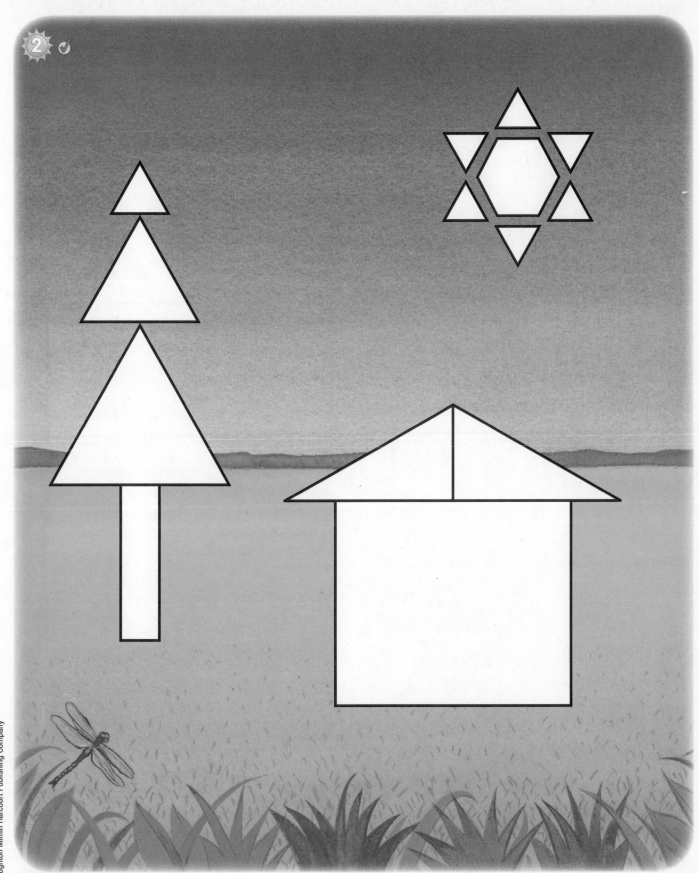

INSTRUCCIONES 2. Colorea los triángulos de la ilustración.

Resolución de problemas • Aplicaciones _En el mundo_

ESCRIBE

3

4

INSTRUCCIONES **3.** Anita puso sus figuras en una hilera. ¿Qué figuras son triángulos? Marca con una X esas figuras. **4.** Dibuja para mostrar lo que sabes sobre los triángulos. Cuéntale a un amigo lo que sabes sobre tu dibujo.

ACTIVIDAD PARA LA CASA • Pida a su niño que le muestre un objeto que tenga la figura de un triángulo.

Identificar y nombrar triángulos

ESTÁNDAR COMÚN—K.G.A.2
*Identifican y describen las figuras
geométricas (cuadrados, círculos, triángulos,
hexágonos, cubos, conos, cilindros y esferas).*

Estándares
comunes

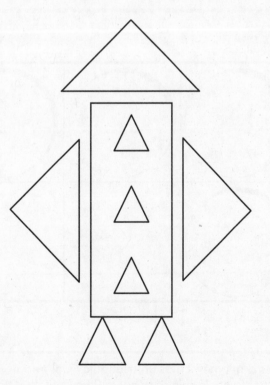

INSTRUCCIONES 1–2. Colorea los triángulos de la ilustración.

Repaso de la lección (K.G.A.2)

Repaso en espiral (K.CC.A.1, K.CC.B.5)

1	2	3	4	5	6	7	8	9	10
11	12	13	14	15	16	17	18	19	20
21	22	23	24	25	26	27	28	29	30

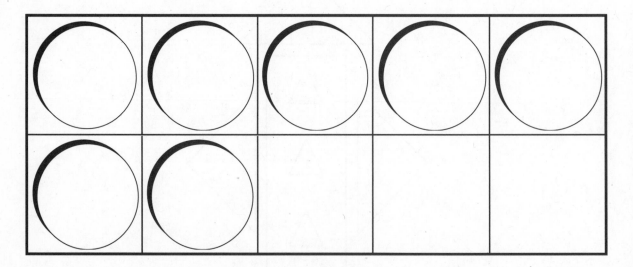

INSTRUCCIONES 1. ¿Cuál figura geométrica es un triángulo? Colorea el triángulo. **2.** Empieza con 1 y cuenta hacia adelante hasta 24. ¿Cuál es el siguiente número? Subraya ese número. **3.** ¿Cuántas fichas más pondrías para hacer un modelo de una manera de formar 10? Dibuja las fichas.

522 quinientos veintidós

PRACTICA MÁS CON EL
Entrenador personal
en matemáticas

Nombre _____

Describir triángulos

Pregunta esencial ¿Cómo puedes describir los triángulos?

Estándares comunes Geometría—K.G.B.4

PRÁCTICAS MATEMÁTICAS
MP2, MP7, MP8

Escucha y dibuja

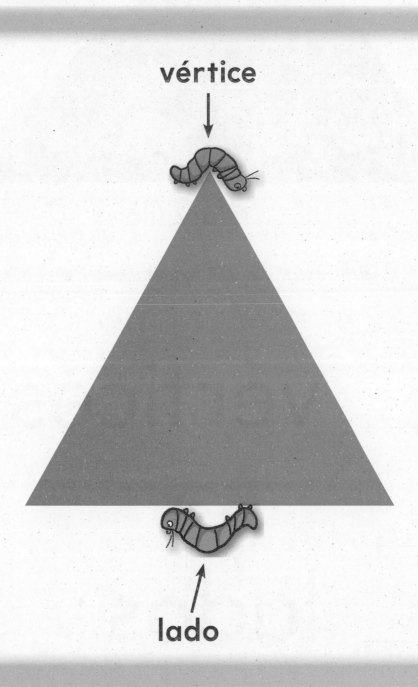

vértice

lado

INSTRUCCIONES Traza alrededor del triángulo con tu dedo. Habla sobre el número de lados y el número de vértices. Dibuja una flecha que apunte a otro vértice. Traza los lados.

Capítulo 9 • Lección 6

triángulo

 ✓

_____  **vértices**

② ✓

_____ **lados**

INSTRUCCIONES 1. Pon una ficha en cada esquina o vértice.
Escribe cuántas esquinas o vértices hay. 2. Traza los lados.
Escribe cuántos lados hay.

524 quinientos veinticuatro

INSTRUCCIONES 3. Dibuja y colorea un triángulo.

ACTIVIDAD PARA LA CASA • Pida a su niño que describa un triángulo.

✓ Revisión de la mitad del capítulo

1.

_____

lados

_____

_____

vértices

2.

_____

lados

_____

_____

vértices

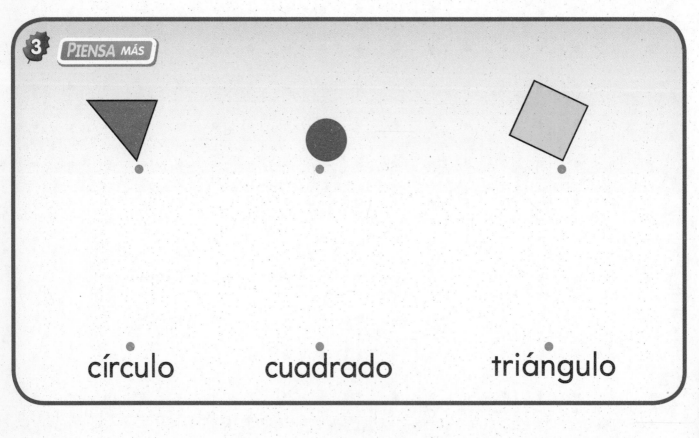

3. PIENSA MÁS

círculo   cuadrado   triángulo

INSTRUCCIONES **1–2.** Traza cada lado. Escribe cuántos lados hay. Pon una ficha en cada esquina o vértice. Escribe cuántos vértices hay. (K.G.B.4) **3.** Traza una línea desde cada figura hasta su nombre. (K.G.A.2)

Describir triángulos

ESTÁNDAR COMÚN—K.G.B.4
*Analizan, comparan, crean y componen
figuras geométricas.*

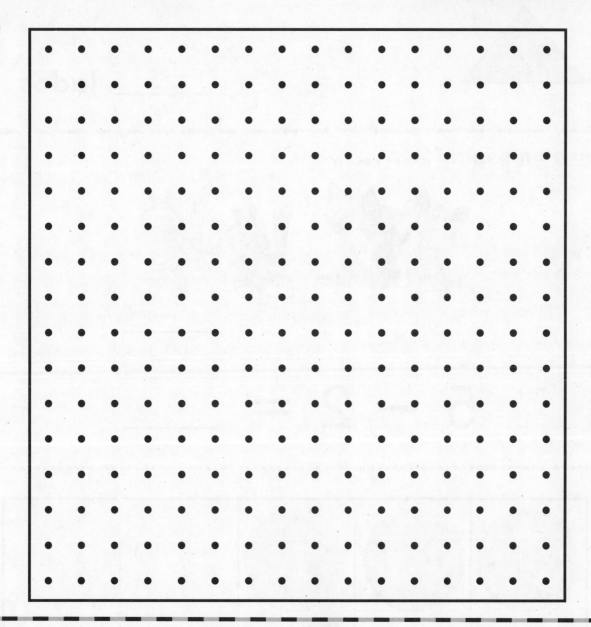

2 _____

_____ **vértices**

3 _____

_____ **lados**

INSTRUCCIONES   1. Dibuja y colorea un triángulo.   **2.** Pon una
ficha en cada esquina o vértice del triángulo que dibujaste. Escribe
cuántas esquinas o vértices hay.   **3.** Traza los lados del triángulo que
dibujaste. Escribe cuántos lados hay.

Capítulo 9

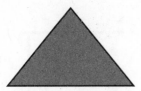

_____

- - - - - - -

_____ lados

 = _____

$$5 - 2 = \underline{\quad}$$

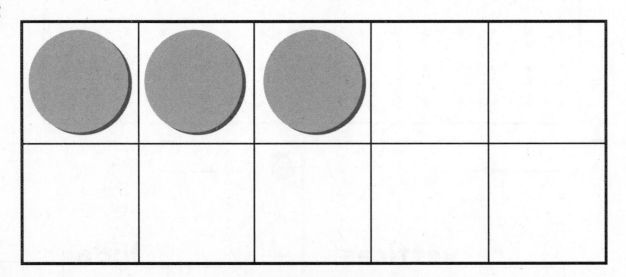

INSTRUCCIONES I. ¿Cuántos lados tiene el triángulo? Escribe el número. **2.** ¿Cuántos gatitos quedan? Escribe el número. **3.** ¿Cuántas fichas más pondrías para hacer un modelo de una manera de formar 7? Dibuja las fichas.

528 quinientos veintiocho

PRACTICA MÁS CON EL
Entrenador personal
en matemáticas

Nombre _____

Identificar y nombrar rectángulos

Pregunta esencial ¿Cómo identificas y nombras los rectángulos?

Estándares comunes Geometría—K.G.A.2

PRÁCTICAS MATEMÁTICAS
MP5, MP6, MP7

rectángulos	no rectángulos

INSTRUCCIONES Pon dos figuras bidimensionales en la página. Identifica y nombra los rectángulos. Clasifica las figuras como rectángulos o no rectángulos. Traza y colorea las figuras en el tablero de clasificación.

© Houghton Mifflin Harcourt Publishing Company

1

INSTRUCCIONES 1. Marca con una X todos los rectángulos.

530 quinientos treinta

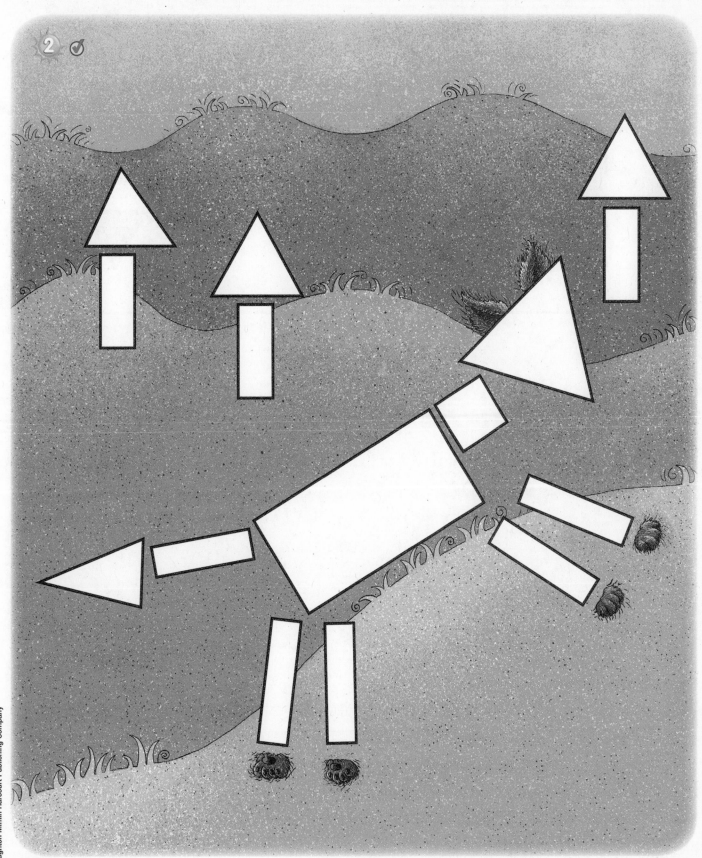

INSTRUCCIONES 2. Colorea los rectángulos de la ilustración.

Resolución de problemas • Aplicaciones En el mundo

3

ESCRIBE

4

INSTRUCCIONES 3. Max observó sus figuras. ¿Qué figuras son rectángulos? Marca con una X esas figuras. **4.** Dibuja para mostrar lo que sabes sobre los rectángulos. Cuéntale a un amigo lo que sabes sobre tu dibujo.

ACTIVIDAD PARA LA CASA • Pida a su niño que le muestre un objeto que tenga la figura de un rectángulo.

532 quinientos treinta y dos

Identificar y nombrar rectángulos

ESTÁNDAR COMÚN—K.G.A.2
Identifican y describen las figuras geométricas (cuadrados, círculos, triángulos, hexágonos, cubos, conos, cilindros y esferas).

INSTRUCCIONES **I.** Colorea los rectángulos de la ilustración.

Repaso en espiral (K.CC.A.1, K.CC.B.5)

1	2	3	4	5	6	7	8	9	10
11	12	13	14	15	16	17	18	19	20
21	22	23	24	25	26	27	28	29	30

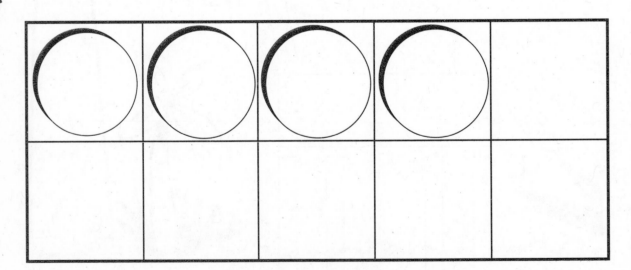

INSTRUCCIONES 1. ¿Cuál figura es un rectángulo? Colorea el rectángulo. **2.** Cuenta por decenas mientras señalas los números en los cuadros sombreados. Empieza con el número 10. ¿Con qué número terminas? Subraya ese número. **3.** ¿Cuántas fichas más pondrías para hacer un modelo de una manera de formar 6? Dibuja las fichas.

534 quinientos treinta y cuatro

PRACTICA MÁS CON EL
Entrenador personal
en matemáticas

Nombre _____

Describir rectángulos

Pregunta esencial ¿Cómo puedes describir los rectángulos?

Estándares comunes **Geometría—K.G.B.4**

PRÁCTICAS MATEMÁTICAS
MP2, MP7, MP8

Escucha y dibuja

lado

vértice

INSTRUCCIONES Traza alrededor del rectángulo con tu dedo. Habla sobre el número de lados y el número de vértices. Dibuja una flecha que apunte a otro vértice. Traza los lados.

Capítulo 9 • Lección 8

rectángulo

 ____

____ **vértices**

____

2 ____

____ **lados**

____

INSTRUCCIONES 1. Pon una ficha en cada esquina o vértice.
Escribe cuántas esquinas o vértices hay. 2. Traza los lados.
Escribe cuántos lados hay.

Nombre _____

INSTRUCCIONES 3. Dibuja y colorea un rectángulo.

Resolución de problemas • Aplicaciones

ESCRIBE

INSTRUCCIONES 4. Tengo 4 lados y 4 vértices. ¿Qué figura soy? Dibuja la figura. Dile a un amigo el nombre de la figura.

ACTIVIDAD PARA LA CASA • Pida a su niño que describa un rectángulo.

Describir rectángulos

ESTÁNDAR COMÚN—K.G.B.4
Analizan, comparan, crean y componen figuras geométricas.

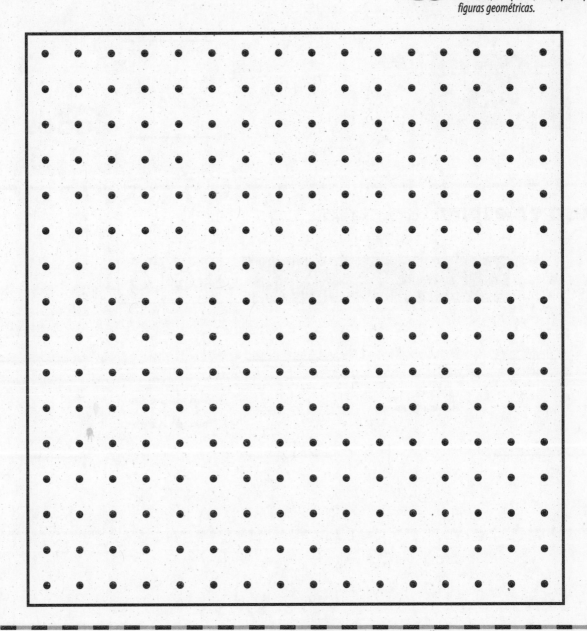

2 _____

_ _ _ _ _

_____ **vértices**

3 _____

_ _ _ _ _

_____ **lados**

INSTRUCCIONES 1. Dibuja y colorea un rectángulo.
2. Pon una ficha en cada esquina o vértice del rectángulo que dibujaste. Escribe cuántas esquinas o vértices hay. **3.** Traza los lados del rectángulo que dibujaste. Escribe cuántos lados hay.

Repaso de la lección (K.G.B.4)

_____

_ _ _ _ _ _

_____ **lados**

Repaso en espiral (K.CC.A.3, K.0A.A.2)

 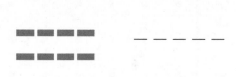

_____

_ _ _ _ _ _

_____

INSTRUCCIONES   I. ¿Cuántos lados tiene el rectángulo? Escribe el
número.   **2.** Completa el enunciado de suma para mostrar los números que
se relacionan con el tren de cubos.   **3.** Dibuja un conjunto que tenga
20 cubos. Escribe el número.

540 quinientos cuarenta

PRACTICA MÁS CON EL
Entrenador personal
en matemáticas

Identificar y nombrar hexágonos

Pregunta esencial ¿Cómo puedes identificar y nombrar los hexágonos?

Geometría—K.G.A.2

PRÁCTICAS MATEMÁTICAS
MP5, MP6, MP7

hexágonos	no hexágonos

INSTRUCCIONES Pon dos figuras bidimensionales en la página. Identifica y nombra los hexágonos. Clasifica las figuras como hexágonos o no hexágonos. Traza y colorea las figuras en el tablero de clasificación.

INSTRUCCIONES 1. Marca con una X todos los hexágonos.

INSTRUCCIONES 2. Colorea los hexágonos de la ilustración.

Resolución de problemas • Aplicaciones *En el mundo*

3

ESCRIBE

4

INSTRUCCIONES **3.** Ryan está observando sus figuras. ¿Qué figuras son hexágonos? Marca con una X esas figuras. **4.** Dibuja para mostrar lo que sabes sobre los hexágonos. Cuéntale a un amigo lo que sabes sobre tu dibujo.

ACTIVIDAD PARA LA CASA • Dibuje algunas figuras en una página. Incluya varios hexágonos. Pida a su niño que encierre en un círculo los hexágonos.

Identificar y nombrar hexágonos

Estándares comunes

ESTÁNDAR COMÚN—K.G.A.2
Identifican y describen las figuras geométricas (cuadrados, círculos, triángulos, hexágonos, cubos, conos, cilindros y esferas).

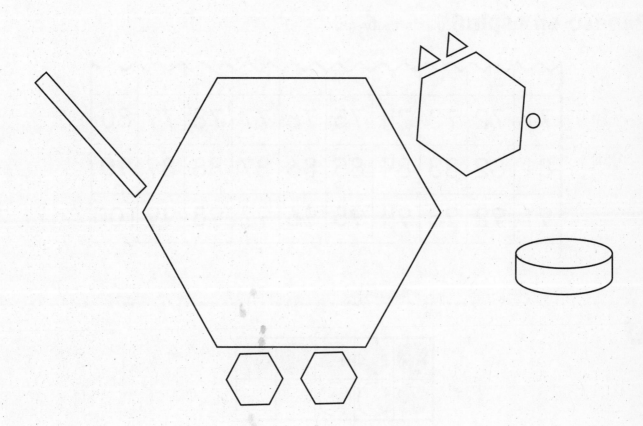

INSTRUCCIONES   I. Colorea los hexágonos de la ilustración.

Repaso de la lección (K.G.A.2)

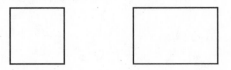

Repaso en espiral (K.CC.A.1, K.OA.A.1)

71	72	73	74	75	76	77	78	79	80
81	82	83	84	85	86	87	88	89	90
91	92	93	94	95	96	97	98	99	100

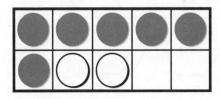

_____   +   _____

INSTRUCCIONES   1. ¿Cuál figura es un hexágono? Colorea el hexágono.
2. Empieza con 81 y cuenta hacia adelante hasta 90. ¿Cuál es el siguiente
número? Subraya ese número.   **3.** ¿Cuáles números muestran los conjuntos
que se han colocado? Escribe los números y traza el signo.

546 quinientos cuarenta y seis

PRACTICA MÁS CON EL
Entrenador personal
en matemáticas

Nombre _____

Describir hexágonos

Pregunta esencial ¿Cómo puedes describir los hexágonos?

Estándares comunes · Geometría—K.G.B.4

PRÁCTICAS MATEMÁTICAS
MP2, MP7, MP8

Escucha y dibuja

vértice

lado

INSTRUCCIONES Traza alrededor del hexágono con tu dedo. Habla sobre el número de lados y el número de vértices. Dibuja una flecha que apunte a otro vértice. Traza los lados.

Capítulo 9 • Lección 10

hexágono

 _____

vértices

 _____

lados

INSTRUCCIONES 1. Pon una ficha en cada esquina o vértice. Escribe cuántas esquinas o vértices hay. **2.** Traza los lados. Escribe cuántos lados hay.

Nombre _____

INSTRUCCIONES 3. Dibuja y colorea un hexágono.

Resolución de problemas • Aplicaciones

ESCRIBE

INSTRUCCIONES 4. Tengo 6 lados y 6 vértices. ¿Qué figura soy? Dibuja la figura. Dile a un amigo el nombre de la figura.

ACTIVIDAD PARA LA CASA • Pida a su niño que describa un hexágono.

Describir hexágonos

 Estándares comunes **ESTÁNDAR COMÚN—K.G.B.4**
*Analizan, comparan, crean y componen
figuras geométricas.*

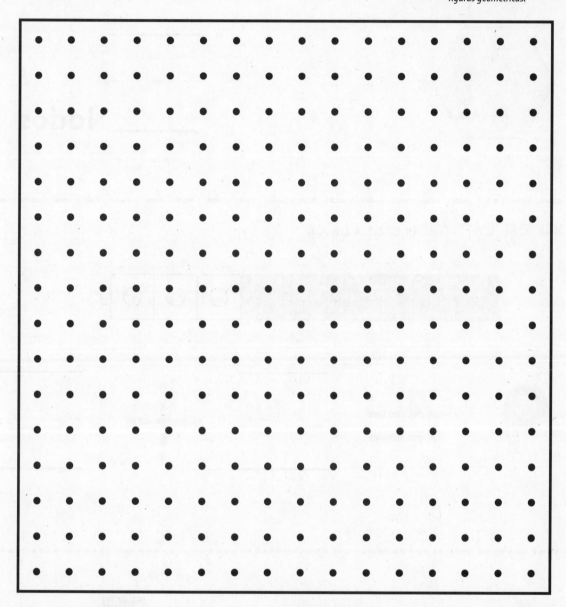

© Houghton Mifflin Harcourt Publishing Company

2 _____   **3** _____

_ _ _ _ _ _ _ _ _   _ _ _ _ _ _ _ _ _

_____ **vértices**   _____ **lados**

INSTRUCCIONES   I. Dibuja y colorea un hexágono.   **2.** Pon una
ficha en cada esquina o vértice del hexágono que dibujaste. Escribe
cuántas esquinas o vértices hay.   **3.** Traza los lados del hexágono
que dibujaste. Escribe cuántos lados hay.

Capítulo 9

Repaso de la lección (K.G.B.4)

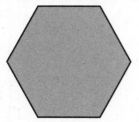

_____

- - - - - - -

_____ **lados**

Repaso en espiral (K.CC.C.7, K.OA.A.3)

9   ===   - - - - -      - - - - -
        _____   _____

6   **7**

INSTRUCCIONES **1.** ¿Cuántos lados tiene el hexágono? Escribe el
número.   **2.** Completa el enunciado de suma para mostrar los números que
se relacionan con el tren de cubos.   **3.** Compara los números. Encierra en un
círculo el número mayor.

552 quinientos cincuenta y dos

PRACTICA MÁS CON EL
Entrenador personal
en matemáticas

Álgebra • Comparar figuras bidimensionales

Pregunta esencial ¿Cómo puedes usar las palabras *iguales* y *diferentes* para comparar figuras bidimensionales?

Estándares comunes Geometría—K.G.B.4

PRÁCTICAS MATEMÁTICAS
MP5, MP7, MP8

Escucha y dibuja

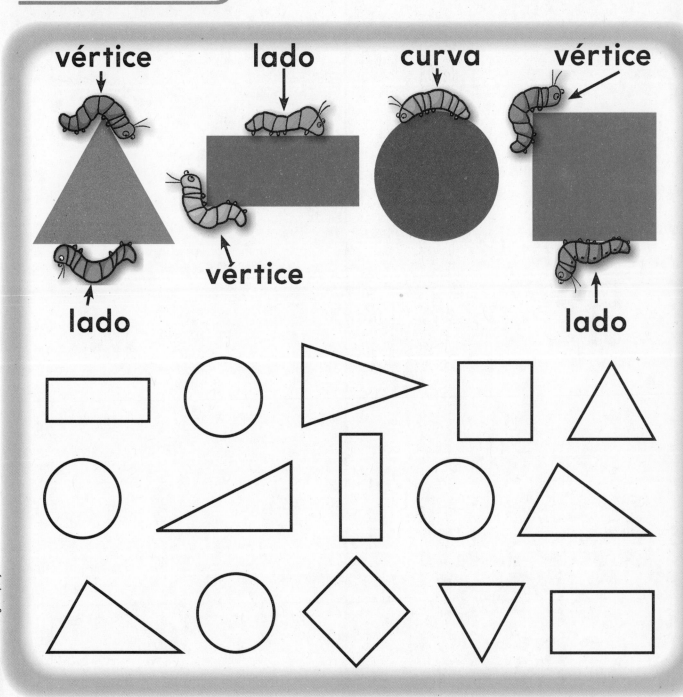

INSTRUCCIONES Observa los gusanos y las figuras. Usa las palabras *iguales* y *diferentes* para comparar las figuras. Colorea de verde las figuras de cuatro vértices y cuatro lados. Colorea de azul las figuras con curvas. Colorea de rojo las figuras de tres vértices y tres lados.

iguales	diferentes

INSTRUCCIONES 1. Pon dos figuras bidimensionales en la hoja. Clasifica las figuras según el número de vértices. Dibuja las figuras en el tablero de clasificación. Usa las palabras *iguales* y *diferentes* para explicar cómo clasificaste las figuras.

iguales	diferentes

INSTRUCCIONES 2. Pon dos figuras bidimensionales en la hoja. Clasifica las figuras según el número de lados. Dibuja las figuras en el tablero de clasificación. Usa las palabras *iguales* y *diferentes* para explicar cómo clasificaste las figuras.

Resolución de problemas • Aplicaciones

3

4 | curva | no curva

INSTRUCCIONES **3.** Tengo una curva. ¿Qué figura soy? Dibuja la figura. **4.** Dibuja para mostrar figuras clasificadas como curvas o no curvas.

ACTIVIDAD PARA LA CASA • Describa una figura y pida a su niño que nombre la figura que usted describe.

556 quinientos cincuenta y seis

Álgebra • Comparar figuras bidimensionales

Estándares comunes **ESTÁNDAR COMÚN—K.G.B.4**
Analizan, comparan, crean y componen figuras geométricas.

iguales	diferentes

INSTRUCCIONES I. Pon dos figuras bidimensionales en la página. Clasifica las figuras según el número de lados. Dibuja las figuras en el tapete de clasificación. Usa las palabras *iguales* y *diferentes* para explicar cómo clasificaste las figuras.

Capítulo 9

Repaso en espiral (K.OA.A.1, K.NBT.A.1)

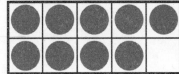

_____   _____

- - - - - - - - -   - - - - - - - - -

_____   y   _____

INSTRUCCIONES   **1.** Observa la figura. Dibuja una figura que sea parecida de alguna manera. Explica en qué se parecen ambas figuras.   **2.** Cuenta y di cuántas fichas hay. Escribe el número.   **3.** ¿Cuántas fichas de cada color hay? Escribe los números.

PRACTICA MÁS CON EL
Entrenador personal
en matemáticas

Nombre _____

Resolución de problemas •
Dibujar para juntar figuras

Pregunta esencial ¿Cómo puedes resolver problemas
con la estrategia *haz un dibujo*?

Estándares comunes Geometría—K.G.B.6

PRÁCTICAS MATEMÁTICAS
MP5, MP7, MP8

Soluciona el problema

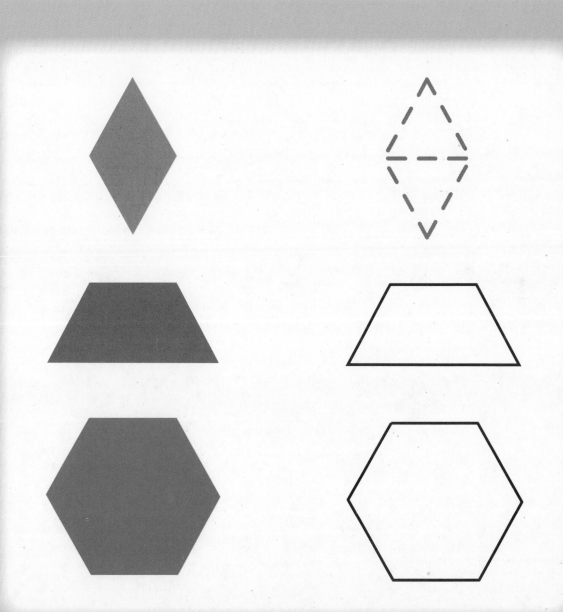

INSTRUCCIONES ¿Cómo puedes juntar triángulos para formar
las figuras? Dibuja y colorea los triángulos.

Capítulo 9 • Lección 12

© Houghton Mifflin Harcourt Publishing Company

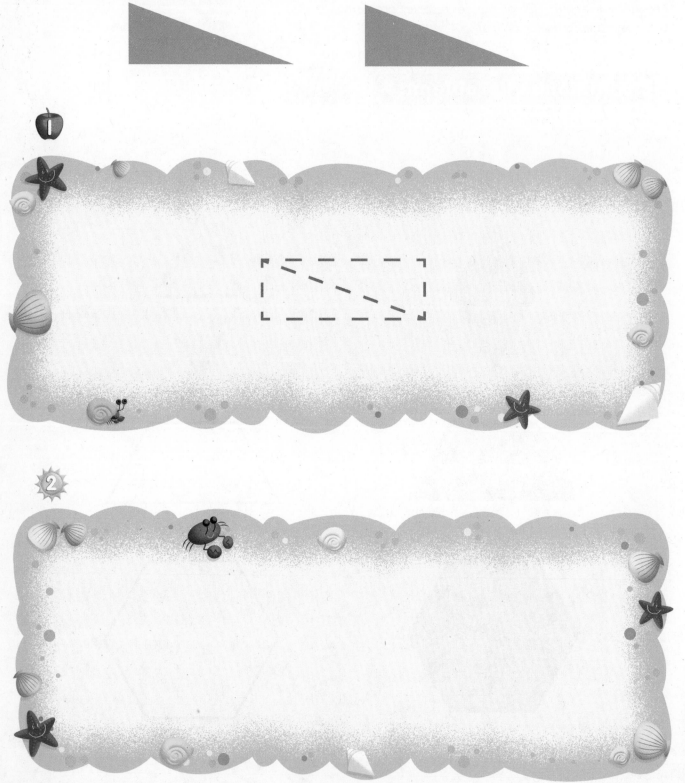

INSTRUCCIONES **1.** ¿Cómo puedes juntar los dos triángulos para formar un rectángulo? Traza alrededor de los triángulos para dibujar el rectángulo. **2.** ¿Cómo puedes juntar los dos triángulos para formar un triángulo más grande? Usa las figuras de triángulos para dibujar un triángulo más grande.

Nombre _____

③

④ ✓

INSTRUCCIONES **3.** ¿Cómo puedes juntar unos cuadrados para formar un cuadrado más grande? Usa las figuras de cuadrados para dibujar un cuadrado más grande. **4.** ¿Cómo puedes juntar algunos o todos los cuadrados para formar un rectángulo? Usa las figuras de cuadrados para dibujar un rectángulo.

Por tu cuenta

5

6

INSTRUCCIONES 5. ¿Puedes juntar estas figuras para formar un hexágono? Usa las figuras para dibujar un hexágono. **6.** ¿Qué figuras podrías juntar para formar una figura más grande que parezca una flor? Dibuja y colorea para mostrar las figuras que usaste.

 ACTIVIDAD PARA LA CASA • Pida a su niño que utilice unas figuras para formar otra figura más grande y que luego le explique la figura.

562 quinientos sesenta y dos

Resolución de problemas • Dibujar para juntar figuras

Estándares comunes

ESTÁNDAR COMÚN—K.G.B.6
Analizan, comparan, crean y componen figuras geométricas.

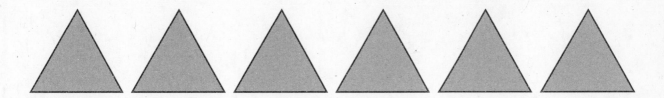

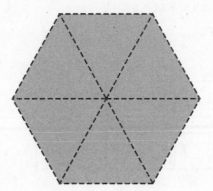

INSTRUCCIONES 1. Pon triángulos en la página como se muestra. ¿Cómo puedes juntar todos los triángulos para formar un hexágono? Traza los triángulos para dibujar el hexágono. **2.** ¿Cómo puedes juntar algunos triángulos para formar un triángulo más grande? Traza los triángulos para dibujar el triángulo más grande.

Capítulo 9

Repaso de la lección (K.G.B.6)

1

Repaso en espiral (K.CC.B.5, K.CC.C.6)

2

3

INSTRUCCIONES **1.** Junta dos triángulos para formar la figura. Dibuja y colorea los triángulos que usaste. **2.** Cuenta y di cuántos hay. Escribe el número. **3.** Cuenta y di cúantos hay en cada conjunto. Escribe los números. Compara los números. Encierra en un círculo el número que es menor.

PRACTICA MÁS CON EL
Entrenador personal
en matemáticas

Repaso y prueba del Capítulo 9

 1

    ○ Sí   ○ No

    ○ Sí   ○ No

    ○ Sí   ○ No

2

○   ○   ○   ○

3

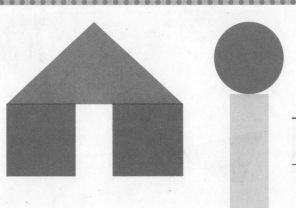

_____
- - - -
_____   cuadrados

INSTRUCCIONES **1.** ¿Es la figura un círculo? Elige Sí o No. **2.** Marca debajo de las figuras que tengan curvas. **3.** ¿Cuántos cuadrados hay en la ilustración? Escribe el número.

4

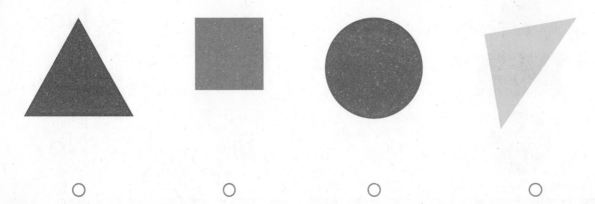

_____

- - - - -

_____ lados

5

○   ○   ○   ○

6 PIENSA MÁS ✚

INSTRUCCIONES 4. Observa el cuadrado. Escribe el número de
lados que tiene un cuadrado. **5.** Marca debajo de las figuras que sean
triángulos. **6.** Marca con una X las figuras que tengan 3 lados y 3 vértices.

566 quinientos sesenta y seis

7

8 PIENSA MÁS +

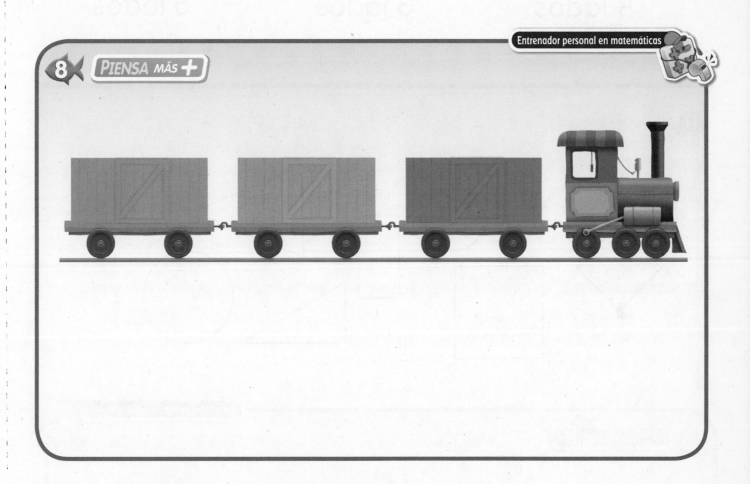

9

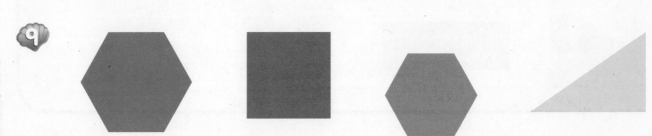

INSTRUCCIONES 7. Marca con una X la figura que no sea un rectángulo.
8. Dibuja una figura que sea igual a los vagones del tren. **9.** Marca con
una X los hexágonos.

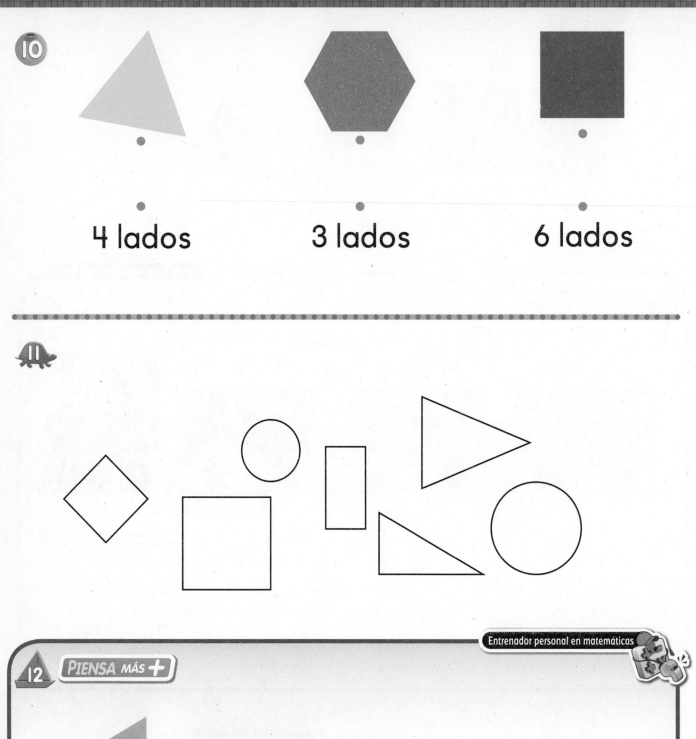

4 lados　　　**3 lados**　　　**6 lados**

PIENSA MÁS

INSTRUCCIONES 10. Dibuja líneas para emparejar cada figura con el número de lados que tiene. **11.** Observa las figuras. Compáralas para ver en qué son iguales y en qué son diferentes. Colorea de rojo las figuras con cuatro lados. Colorea de verde las figuras con curvas. Colorea de azul las figuras con tres vértices. **12.** Junta las figuras para formar una flecha. Dibuja la flecha.

568 quinientos sesenta y ocho

Identificar y describir figuras tridimensionales

Aprendo más con

Jorge el Curioso

Muchas de las figuras de nuestro medio ambiente son figuras tridimensionales.

Menciona las figuras que ves en esta foto.

Nombre _____

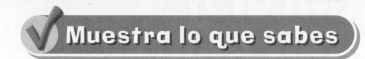 **Muestra lo que sabes**

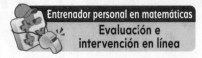
Identifica figuras

 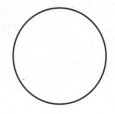 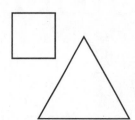 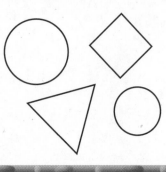

Describe figuras

_____

_ _ _ _ _ _ _ _

_____ lados

_ _ _ _ _ _ _ _

_____ vértices

_____

_ _ _ _ _ _ _ _

_____ lados

_ _ _ _ _ _ _ _

_____ vértices

Clasifica figuras

Esta página es para verificar la comprensión de destrezas importantes necesarias para tener
éxito en el Capítulo 10.

INSTRUCCIONES 1. Colorea de rojo los cuadrados. Colorea de azul los
triángulos. **2–3.** Observa la figura. Escribe cuántos lados tiene. Escribe
cuántos vértices tiene. **4.** Marca con una X las figuras de tres lados.

Nombre _____

rectángulo

círculo

cuadrado

triángulo

INSTRUCCIONES Marca con una X la comida que tiene forma de círculo. Dibuja una línea debajo de la comida que tiene forma de cuadrado. Encierra en un círculo la comida que tiene forma de triángulo.

Capítulo 10

• **Libro interactivo del estudiante**
• **Glosario multimedia**

quinientos setenta y uno **571**

Juego

Sigue las figuras

INSTRUCCIONES Elige una figura desde la SALIDA. Sigue el camino que tenga las mismas figuras. Dibuja una línea para mostrar el camino hasta la LLEGADA que tiene la misma figura.

Vocabulario del Capítulo 10

al lado

next to

1

apilar

stack

3

arriba, encima

above

4

cilindro

cylinder

10

cono

cone

16

cubo

cube

19

debajo

below

24

deslizar

slide

26

Los cubos se **apilan** unos encima de otros.

Las flores están **al lado** del árbol.

cilindro

← arriba

cubo

cono

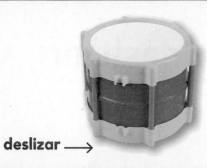

deslizar →

debajo →

Vocabulario del Capítulo 10 *(continuación)*

detrás behind 30	**enfrente** in front of 38
esfera sphere 40	**figura tridimensional** three-dimensional shape 41
junto a beside 47	**rodar** roll 69
superficie curva curved surface 74	**superficie plana** flat surface 75

enfrente de ⟶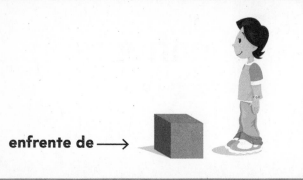

 ⟵ **detrás**

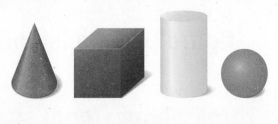

figuras tridimensionales

esfera

rodar

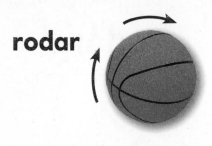

Las flores están **junto** al árbol

superficie plana

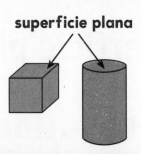

 superficie curva

Dibújalo

Recuadro de palabras

al lado
al lado de
arriba
cono
cubo
debajo
enfrente de
detrás

Recuadro de palabras

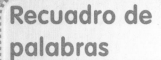

apilar
cilindro
deslizar
esfera
figuras tridimensionales
rodar
superficie curva
superficie plana

Palabras secretas

Jugador 1				
Jugador 2				

INSTRUCCIONES Los jugadores se turnan. Un jugador elige una palabra secreta del Recuadro de palabras y luego activa el cronómetro. El jugador dibuja para dar pistas de la palabra secreta. Si el otro jugador adivina la palabra secreta antes de que se acabe el tiempo, coloca una ficha en el tablero. Gana el primer jugador que tenga fichas en todas sus casillas.

MATERIALES cronómetro, papel de dibujo, fichas de dos colores para cada jugador

Escríbelo

INSTRUCCIONES Elige una idea. • Elige 2 figuras tridimensionales. Dibuja para mostrar lo que sabes de las figuras. • Haz dibujos para mostrar *arriba*, *debajo* y *al lado de*.
Reflexiona Prepárate para hablar de tu dibujo.

Nombre _____

Figuras tridimensionales

Pregunta esencial ¿Cómo podemos mostrar qué figuras se apilan, ruedan o se deslizan?

Estándares comunes · Geometría—K.G.B.4

PRÁCTICAS MATEMÁTICAS
MP5, MP6, MP7

se apilan	no se apilan

INSTRUCCIONES Pon figuras tridimensionales en la página. Clasifica las figuras según se apilen o no se apilen. Describe las figuras. Empareja una ilustración de cada figura con las figuras del tablero de clasificar. Pega las ilustraciones de las figuras en el tablero de clasificar.

Capítulo 10 • Lección 1

rueda

rueda y se apila

se apila

INSTRUCCIONES 1. Pon figuras tridimensionales en la página. Clasifica las figuras según rueden o se apilen. Describe las figuras. Empareja una ilustración de cada figura con las figuras. Pega las ilustraciones de las figuras en el tablero de clasificar.

574 quinientos setenta y cuatro

2

rueda

3

se apila

4

se desliza

5

se apila y se
desliza

INSTRUCCIONES 2. ¿Qué figura no rueda? Marca con una X esa figura.
3. ¿Qué figuras no se apilan? Marca con una X esas figuras. 4. ¿Qué figura
no se desliza? Marca con una X esa figura. 5. ¿Qué figura no se apila ni se
desliza? Marca con una X esa figura.

Resolución de problemas · Aplicaciones En el mundo

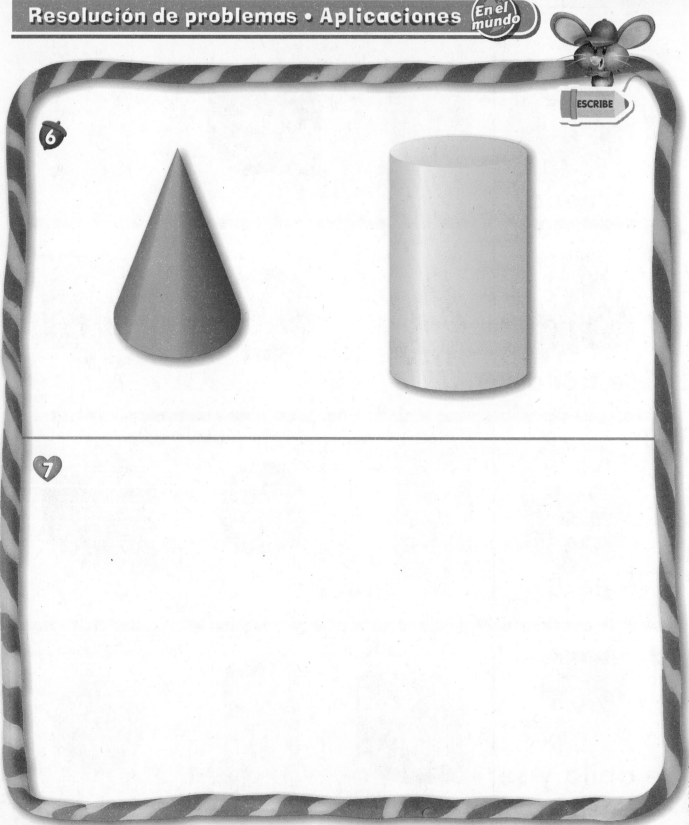

6

7

INSTRUCCIONES **6.** Ruedo y no me apilo. Describe la figura. Marca con una X esa figura. **7.** Dibuja para mostrar lo que sabes sobre un objeto real que ruede y no se apile.

ACTIVIDAD PARA LA CASA · Pida a su niño que identifique y describa un objeto del hogar que ruede y no se apile.

Figuras tridimensionales

ESTÁNDAR COMÚN—K.G.B.4
Analizan, comparan, crean, y
componen figuras geométricas.

①

rueda

②

se apila

③

se desliza

④

**se apila
y se desliza**

INSTRUCCIONES **I.** ¿Qué figura no rueda? Marca una X en esa figura. **2.** ¿Qué figuras no se apilan? Marca una X en esas figuras. **3.** ¿Qué figura no se desliza? Marca una X en esa figura. **4.** ¿Qué figura no se desliza ni se apila? Marca una X en esa figura.

Repaso de la lección (K.G.B.4)

Repaso en espiral (K.CC.A.2, K.G.B.4)

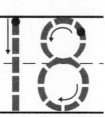

INSTRUCCIONES   1. ¿Cuál figura no rueda? Marca una X en esa figura.   **2.** Cuenta hacia adelante. Traza y escribe los números en orden.   **3.** ¿Cuál figura tiene una curva? Colorea esa figura.

PRACTICA MÁS CON EL
Entrenador personal
en matemáticas

Nombre _____

Identificar, nombrar y describir esferas

Pregunta esencial ¿Cómo podemos identificar, nombrar y describir esferas?

Estándares comunes **Geometría—K.G.A.2**

PRÁCTICAS MATEMÁTICAS
MP5, MP6, MP7

esfera	no es esfera

INSTRUCCIONES Pon figuras tridimensionales en la página. Identifica y nombra la esfera. Clasifica las esferas en el tablero de clasificar. Describe la esfera. Empareja una ilustración de cada esfera con las figuras del tablero de clasificación. Pega las ilustraciones de las figuras en el tablero de clasificar.

© Houghton Mifflin Harcourt Publishing Company

1 esfera

superficie plana

superficie curva

   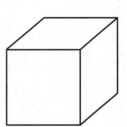

  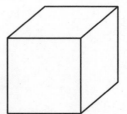 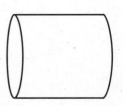

INSTRUCCIONES 1. Observa la esfera. Encierra en un círculo las palabras que describen una esfera. 2. Colorea las esferas.

INSTRUCCIONES 3. Identifica los objetos que tienen
forma de esfera. Marca con una X esos objetos.

Resolución de problemas • Aplicaciones En el mundo

ESCRIBE

4

5

INSTRUCCIONES **4.** Tengo superficie curva. ¿Qué figura soy? Marca con una X esa figura. **5.** Dibuja para mostrar lo que sabes sobre un objeto real que tenga forma de esfera.

ACTIVIDAD PARA LA CASA • Pida a su niño que identifique y describa un objeto del hogar que tenga forma de esfera.

582 quinientos ochenta y dos

Identificar, nombrar y describir esferas

ESTÁNDAR COMÚN—K.G.A.2
Identifican y describen las figuras geométricas (cuadrados, círculos, triángulos, rectángulos, hexágonos, cubos, conos, cilindros, y esferas).

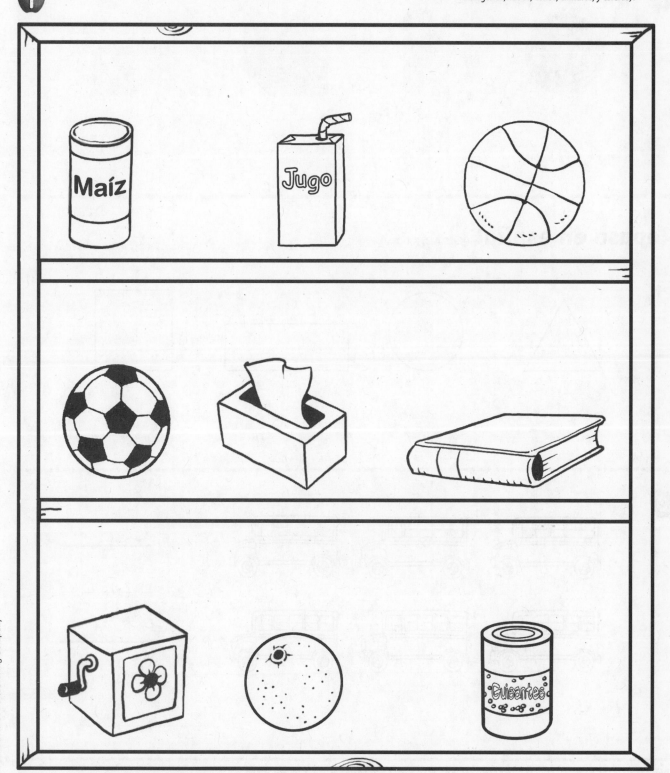

INSTRUCCIONES I. Identifica los objetos que tienen forma de esfera. Marca una X en esos objetos.

Capítulo 10

Repaso de la lección (K.G.A.2)

Repaso en espiral (K.CC.A.3, K.G.A.2)

  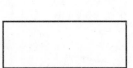

- - - - -

INSTRUCCIONES **1.** ¿Cuál figura es una esfera? Marca una X en esa figura. **2.** ¿Cuál figura es un cuadrado? Colorea el cuadrado. **3.** ¿Cuántos autobuses escolares hay? Escribe el número.

PRACTICA MÁS CON EL
Entrenador personal
en matemáticas

Nombre _____

Identificar, nombrar y describir cubos

Pregunta esencial ¿Cómo podemos identificar, nombrar y describir cubos?

 Estándares comunes Geometría—K.G.A.2

PRÁCTICAS MATEMÁTICAS
MP2, MP5, MP6

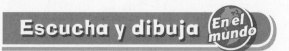

cubo	no es cubo

INSTRUCCIONES Pon figuras tridimensionales en la página. Identifica y nombra el cubo. Clasifica los cubos en el tablero de clasificar. Describe el cubo. Empareja una ilustración de cada cubo con las figuras del tablero de clasificar. Pega las ilustraciones de las figuras en el tablero de clasificar.

Capítulo 10 • Lección 3

1

cubo

superficie plana

superficie curva

2

_____
- - - - -
_____

superficies planas

INSTRUCCIONES 1. Observa el cubo. Encierra en un círculo las palabras que describen un cubo. 2. Cuenta cuántas superficies planas hay en un cubo. Escribe el número.

586 quinientos ochenta y seis

INSTRUCCIONES **3.** Identifica los objetos que tienen forma de cubo. Marca con una X esos objetos.

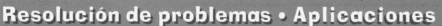

Resolución de problemas • Aplicaciones En el mundo

4

ESCRIBE

 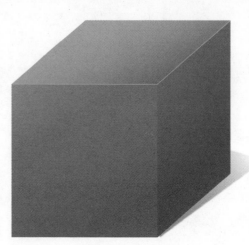

5

INSTRUCCIONES 4. Tengo 6 superficies planas. ¿Qué figura soy? Marca con una X esa figura. **5.** Dibuja para mostrar lo que sabes sobre un objeto real que tenga forma de cubo.

ACTIVIDAD PARA LA CASA • Pida a su niño que identifique y describa un objeto del hogar que tenga forma de cubo.

588 quinientos ochenta y ocho

Nombre_____

Identificar, nombrar y describir cubos

ESTÁNDAR COMÚN—K.G.A.2
Identifican y describen las figuras geométricas (cuadrados, círculos, triángulos, rectángulos, hexágonos, cubos, conos, cilindros, y esferas).

Estándares comunes

INSTRUCCIONES I. Identifica los objetos que tienen forma de cubo. Marca una X en esos objetos.

Capítulo 10

Repaso en espiral (K.CC.A.1, K.G.B.4)

_____

- - - - - -

_____ lados

71	72	73	74	75	76	77	78	79	80
81	82	83	84	85	86	87	88	89	90
91	92	93	94	95	96	97	98	99	100

INSTRUCCIONES **I.** ¿Cuál figura es un cubo? Marca una X en esa figura. **2.** ¿Cuántos lados tiene el cuadrado? Escribe el número. **3.** Empieza con 81 y cuenta hacia adelante hasta 90. ¿Cuál es el siguiente número? Subraya ese número.

PRACTICA MÁS CON EL
Entrenador personal
en matemáticas

Nombre _____

Identificar, nombrar y describir cilindros

Pregunta esencial ¿Cómo podemos identificar, nombrar y describir cilindros?

Estándares comunes Geometría—K.G.A.2

PRÁCTICAS MATEMÁTICAS
MP2, MP5, MP6

cilindro	no es cilindro

INSTRUCCIONES Pon figuras tridimensionales en la página. Identifica y nombra el cilindro. Clasifica los cilindros en el tablero de clasificación. Describe el cilindro. Empareja una ilustración de cada figura con las figuras del tablero de clasificar. Pega las ilustraciones de las figuras en el tablero de clasificar.

Capítulo 10 • Lección 4

cilindro

superficie plana

superficie curva

_____

- - - - - - -   **superficies planas**

_____

INSTRUCCIONES 1. Observa el cilindro. Encierra en un círculo las palabras que describen un cilindro. 2. Usa un cilindro para contar cuántas superficies planas hay. Escribe el número.

INSTRUCCIONES 3. Identifica los objetos que tienen
forma de cilindro. Marca con una X esos objetos.

Capítulo 10 • Lección 4   quinientos noventa y tres **593**

Resolución de problemas • Aplicaciones En el mundo

ESCRIBE

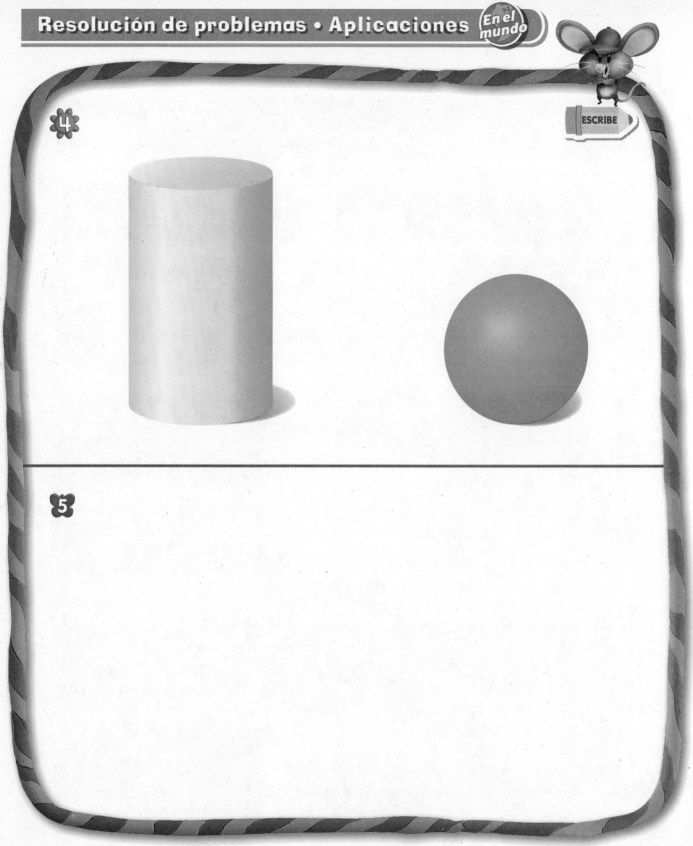

4

5

INSTRUCCIONES 4. Tengo 2 superficies planas. ¿Qué figura soy? Marca con una X esa figura. 5. Dibuja para mostrar lo que sabes sobre un objeto real que tenga forma de cilindro.

 ACTIVIDAD PARA LA CASA • Pida a su niño que identifique y describa un objeto del hogar que tenga forma de cilindro.

Identificar, nombrar y describir cilindros

Estándares comunes

ESTÁNDAR COMÚN—K.G.A.2
Identifican y describen las figuras geométricas (cuadrados, círculos, triángulos, rectángulos, hexágonos, cubos, conos, cilindros, y esferas).

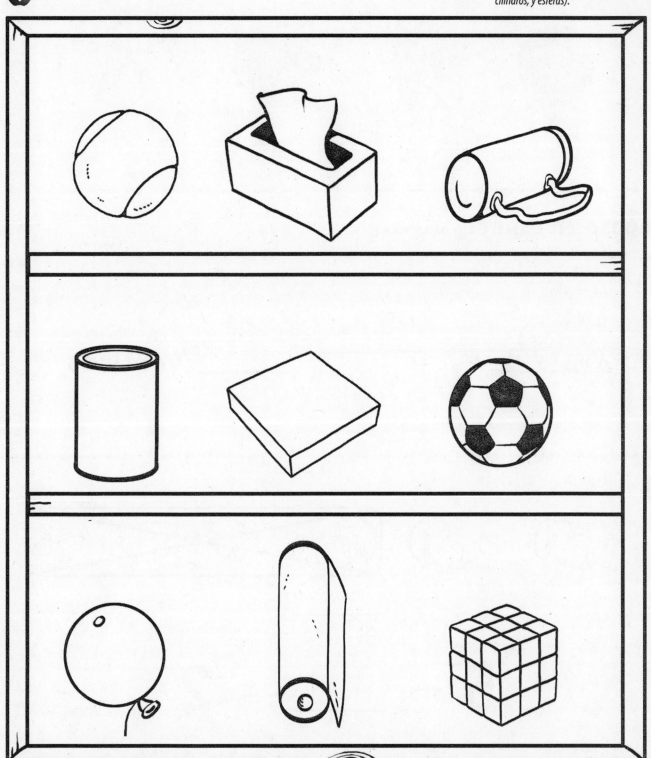

INSTRUCCIONES I. Identifica los objetos que tienen forma de cilindro. Marca una X en esos objetos.

Capítulo 10

Repaso en espiral (K.OA.A.5, K.G.B.4)

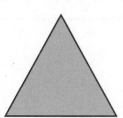

_____

_ _ _ _ _

_____ vértices

  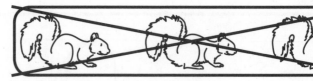

_____

_ _ _ _

$$5 - \underline{\quad} = 2$$

INSTRUCCIONES **1.** ¿Cuál figura es un cilindro? Marca una X en esa figura. **2.** ¿Cuántos vértices tiene el triángulo? Escribe el número. **3.** Escribe el número para mostrar cuántas ardillas se han quitado del conjunto.

596 quinientos noventa y seis

PRACTICA MÁS CON EL
Entrenador personal
en matemáticas

Nombre _____

Identificar, nombrar y describir conos

Pregunta esencial ¿Cómo podemos identificar, nombrar y describir conos?

Estándares comunes Geometría—K.G.A.2

PRÁCTICAS MATEMÁTICAS
MP2, MP5, MP6

cono	no es cono

INSTRUCCIONES Pon figuras tridimensionales en la página. Identifica y nombra el cono. Clasifica las figuras en el tablero de clasificar. Describe el cono. Empareja una ilustración de cada figura con las figuras del tablero de clasificar. Pega las ilustraciones de las figuras en el tablero de clasificar.

© Houghton Mifflin Harcourt Publishing Company

Capítulo 10 • Lección 5

1

cono

superficie plana

superficie curva

2

_____

- - - - - - -

_____ superficie plana

INSTRUCCIONES 1. Observa el cono. Encierra en un círculo las palabras
que describen un cono. 2. Usa un cono para contar cuántas superficies
planas hay. Escribe el número.

3

INSTRUCCIONES **3.** Identifica los objetos que tienen forma de cono. Marca con una X esos objetos.

ACTIVIDAD PARA LA CASA • Pida a su niño que identifique y describa un objeto del hogar que tenga forma de cono.

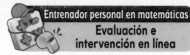
Entrenador personal en matemáticas
Evaluación e
intervención en línea

Conceptos y destrezas

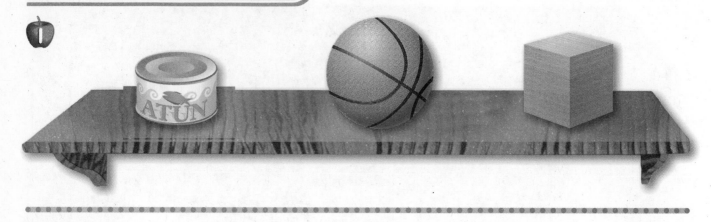

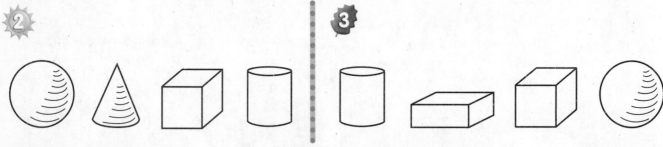

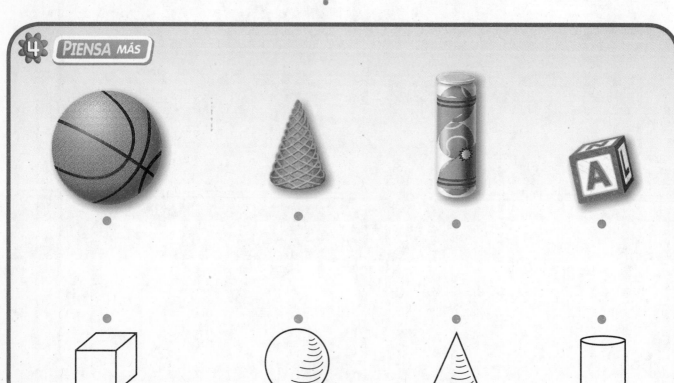

INSTRUCCIONES I. Marca con una X el objeto que tenga forma de cilindro. (K.G.A.2)
2. Colorea la esfera. (K.G.A.2) 3. Colorea el cubo. (K.G.A.2) 4. Dibuja líneas para emparejar
los objetos con sus figuras. (K.G.A.2)

Nombre_____

Identificar, nombrar y describir conos

ESTÁNDAR COMÚN—K.G.A.2
Identifican y describen las figuras geométricas (cuadrados, círculos, triángulos, rectángulos, hexágonos, cubos, conos, cilindros, y esferas).

INSTRUCCIONES 1. Identifica los objetos que tienen forma de cono. Marca una X en esos objetos.

Capítulo 10

Repaso de la lección (K.G.A.2)

 1

Repaso en espiral (K.NBT.A.1, K.G.A.2)

 2

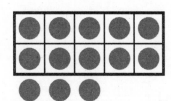

_____

- - - - - - - - - -

_____

3

INSTRUCCIONES **1.** ¿Cuál figura es un cono? Marca una
X en esa figura. **2.** Cuenta y di cuántas fichas hay. Escribe el
número. **3.** ¿Cuál figura es un círculo? Colorea el círculo.

PRACTICA MÁS CON EL
Entrenador personal
en matemáticas

Nombre _____

Resolución de problemas • Figuras bidimensionales y tridimensionales

Pregunta esencial ¿Cómo resolvemos los problemas con la estrategia *usar razonamiento lógico?*

 Geometría—K.G.A.3

PRÁCTICAS MATEMÁTICAS
MP4, MP5, MP7

 Soluciona el problema En el mundo

figuras bidimensionales	figuras tridimensionales

INSTRUCCIONES Pon figuras en la página. Clasifica las figuras del tablero de clasificar como bidimensionales o tridimensionales. Empareja una ilustración de cada figura con una figura del tablero de clasificar. Pega las ilustraciones de las figuras en el tablero de clasificar.

Capítulo 10 • Lección 6

1

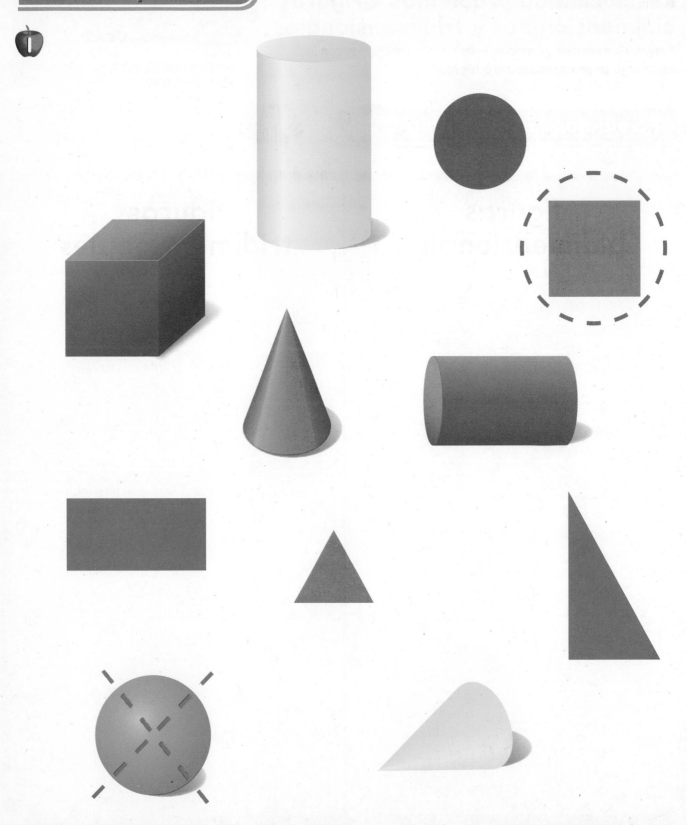

INSTRUCCIONES 1. Identifica las figuras bidimensionales o planas. Traza el círculo alrededor del cuadrado. Encierra en un círculo las otras figuras planas. Identifica las figuras tridimensionales o figuras sólidas. Marca con una X la esfera. Marca con una X las otras figuras sólidas.

Comparte y muestra

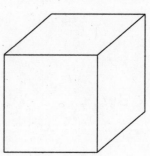

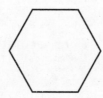

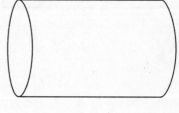

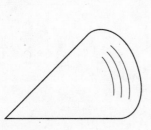
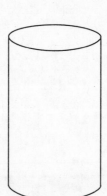

INSTRUCCIONES **2.** Identifica las figuras bidimensionales o planas.
Colorea de rojo las figuras planas. Identifica las figuras tridimensionales
o figuras sólidas. Colorea de azul las figuras sólidas.

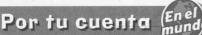

Por tu cuenta *En el mundo*

3

ESCRIBE

4

INSTRUCCIONES 3. Dibuja para mostrar lo que sabes sobre una figura plana. Nombra la figura. 4. Dibuja para mostrar lo que sabes sobre un objeto real que tiene una figura sólida. Nombra el objeto y la figura.

ACTIVIDAD PARA LA CASA • Pida a su niño que identifique un objeto del hogar que tenga una figura tridimensional. Pídale que nombre la figura tridimensional.

Resolución de problemas • Figuras bidimensionales y tridimensionales

ESTÁNDAR COMÚN—K.G.A.3
Identifican y describen las figuras geométricas (cuadrados, círculos, triángulos, rectángulos, hexágonos, cubos, conos, cilindros, y esferas).

Estándares comunes

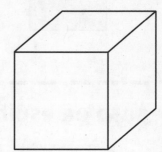

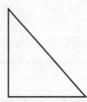
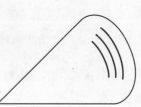

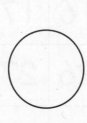
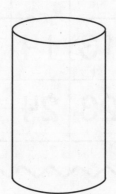
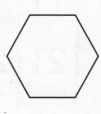

INSTRUCCIONES   I. Identifica las figuras bidimensionales o planas. Colorea de rojo las figuras planas. Identifica las figuras tridimensionales o sólidas. Colorea de azul las figuras sólidas.

Capítulo 10

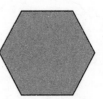

Repaso en espiral (K.CC.A.1, K.G.B.6)

1	2	3	4	5	6	7	8	9	10
11	12	13	14	15	16	17	18	19	20
21	22	23	24	25	26	27	28	29	30

INSTRUCCIONES 1. ¿Cuál es una figura tridimensional o sólida? Marca una X en esa figura. **2.** Junta dos triángulos para formar la figura. Dibuja y colorea los triángulos que usaste. **3.** Comienza con 1 y cuenta hacia adelante hasta 19. ¿Cuál es el siguiente número? Subraya ese número.

PRACTICA MÁS CON EL
Entrenador personal
en matemáticas

Representar figuras

Pregunta esencial ¿Cómo puedes representar figuras en el mundo real?

Estándares comunes **Geometría—K.G.B.5**
También K.G.A.2, K.G.A.3
PRÁCTICAS MATEMÁTICAS
MP3, MP8

Escucha y dibuja En el mundo

Manos a la obra

INSTRUCCIONES Usa tu dedo para trazar alrededor de la figura. Nombra la figura. Di a un amigo si esta figura es plana o sólida. Habla acerca del número de lados y el número de vértices.

Capítulo 10 • Lección 7

1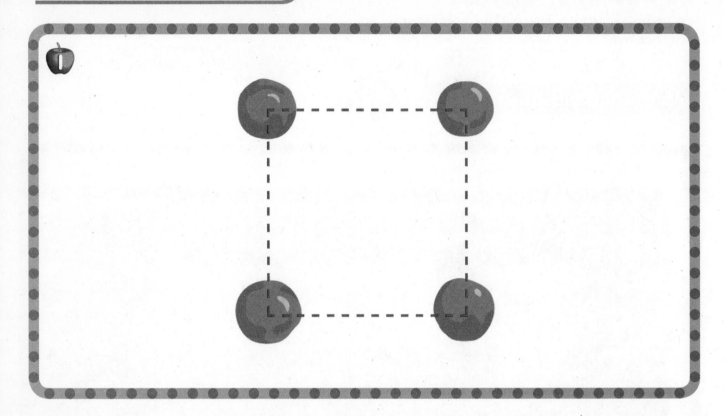

2 ✓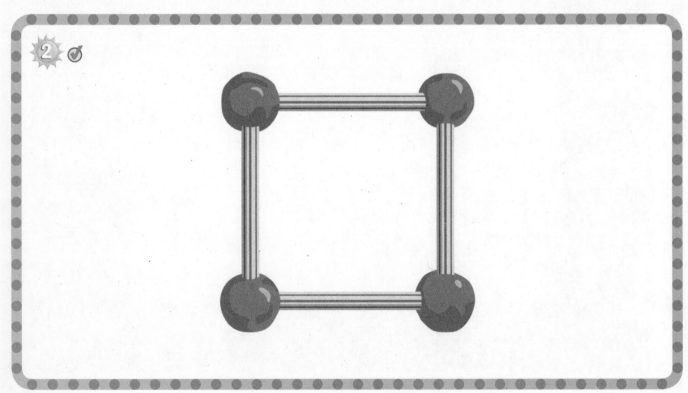

INSTRUCCIONES   **1.** Usa plastilina para hacer 4 esferas como se muestra. Las esferas de plastilina representarán las esquinas de los cuadrados.   **2.** Coloca pajillas dentro de las esferas como se muestra.

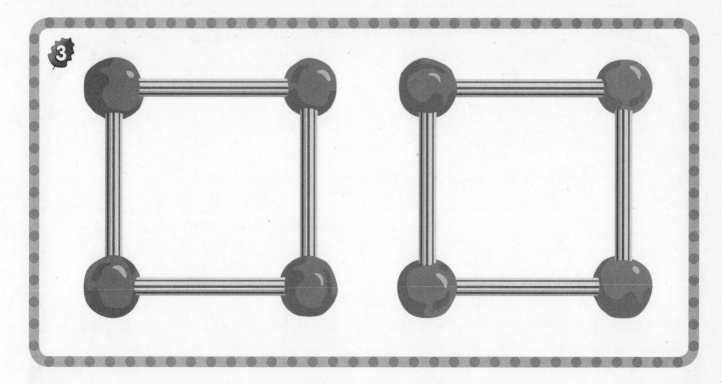

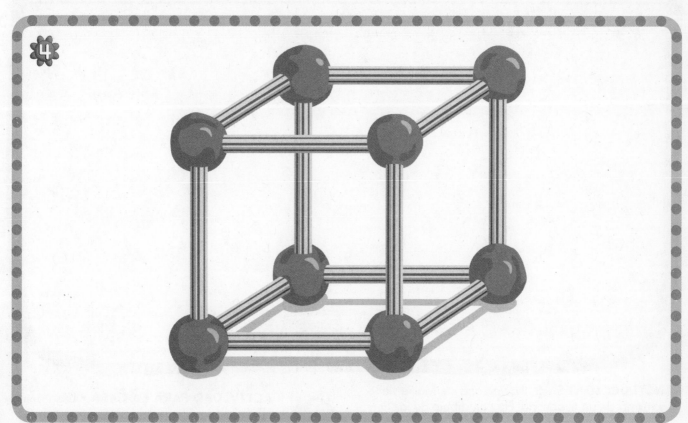

INSTRUCCIONES **3.** Usa plastilina y pajillas para hacer otra figura. Haz la figura igual a la que construiste en el Ejercicio 2. **4.** Pon una pajilla parada en cada esquina de una de las figuras. Levanta con cuidado la otra figura y colócala sobre las pajillas como se muestra. Nombra la figura sólida que hiciste.

Resolución de problemas · Aplicaciones En el mundo

ESCRIBE

5

6

INSTRUCCIONES 5. La ventana de María tiene la forma de un cuadrado. Haz un dibujo de la figura. Di a un amigo si es una figura plana o sólida. Habla acerca del número de lados y el número de vértices. **6.** Usa objetos como plastilina, pajillas y círculos para hacer un modelo de una figura sólida. Haz un dibujo de la figura sólida. Habla con un amigo acerca de la figura.

ACTIVIDAD PARA LA CASA • Diga a su niño que identifique un objeto en la casa que tenga una figura plana. Pida a su niño que dibuje la figura. Repita la actividad con un objeto sólido y pida a su niño que haga la figura con materiales como plastilina y palillos de dientes.

Hacer modelos con figuras geométricas

Estándares comunes

ESTÁNDAR COMÚN—K.G.B.5
Realizan modelos con figuras geométricas que existen en el mundo a través de la construcción de figuras con diferentes materiales (por ejemplo, palitos y bolas de arcilla o plastilina) y dibujan figuras geométricas.

_____
_ _ _ _ _
_____ **lados**

_____
_ _ _ _ _
_____ **superficies planas**

INSTRUCCIONES **1.** Haz un dibujo para mostrar lo que sabes sobre un cuadrado. Escribe cuántos lados tiene. **2.** Usa plastilina para hacer el modelo de un cilindro. Dibuja el cilindro. ¿Cuántas superficies planas tiene? Escribe el número.

Capítulo 10

1

_____
- - - - - - -
_____ **superficie**
plana

Repaso en espiral (K.G.A.2, K.OA.A.2)

2

3

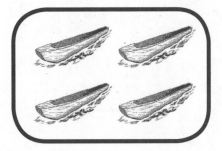

$$4 + \underline{\quad} = 5$$

INSTRUCCIONES 1. ¿Cuántas superficies planas tiene esta figura?
Escribe el número. 2. ¿Cuál figura es plana? Colorea la figura
plana. 3. Plantea un problema de suma sobre las canoas. Escribe el
número para completar el enunciado de suma.

614 Seiscientos catorce

PRACTICA MÁS CON EL
Entrenador personal
en matemáticas

Nombre _____

Arriba y debajo

Pregunta esencial ¿Cómo usamos los términos *arriba* y *debajo* para describir figuras del medio ambiente?

Estándares comunes **Geometría—K.G.A.1**

PRÁCTICAS MATEMÁTICAS
MP4

Escucha y dibuja En el mundo

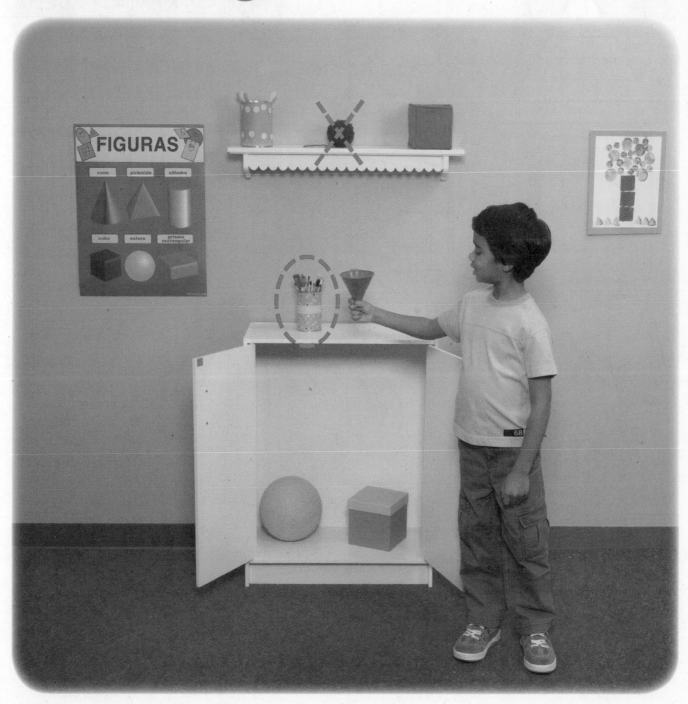

INSTRUCCIONES Traza un círculo alrededor del objeto con forma de cilindro que está debajo del estante. Traza una X en el objeto que tiene forma de esfera que está arriba, o encima, del gabinete.

Capítulo 10 • Lección 8

INSTRUCCIONES 1. Encierra en un círculo el objeto con forma de cono que está debajo de los juegos. Marca una X en el objeto que tiene forma de cubo y está arriba de los juegos. Colorea el objeto con forma de cilindro que está arriba de los juegos.

INSTRUCCIONES 2. Encierra en un círculo la pelota que está por encima de la red. Marca una X en la caja que está directamente debajo de la red.

Capítulo 10 • Lección 8

Resolución de problemas • Aplicaciones En el mundo

3

ESCRIBE

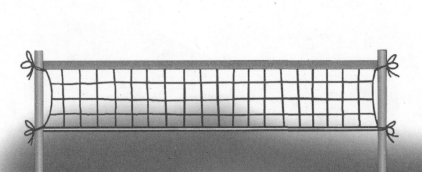

INSTRUCCIONES Dibuja para mostrar lo que sabes sobre objetos tridimensionales de la vida real, que puedan estar arriba o debajo de la red. Explícale a un amigo tu dibujo mientras nombras las formas de los objetos.

ACTIVIDAD PARA LA CASA • Diga a su niño que está pensando en algo de la habitación que está arriba o debajo de otro objeto. Pídale que le diga qué podría ser.

Arriba y debajo

Estándares comunes **ESTÁNDAR COMÚN—K.G.A.1**
*Identifican y describen las figuras geométricas
(cuadrados, círculos, triángulos, rectángulos,
hexágonos, cubos, conos, cilindros, y esferas).*

JUGUETES
DEL GATO

INSTRUCCIONES   I. Marca una X en el objeto que tenga forma de esfera, debajo
de la mesa. Encierra en un círculo el objeto que tenga forma de cubo, por encima de la mesa.

Repaso de la lección (K.G.A.1)

 1

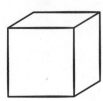

JUGUETES
PARA GATOS

Repaso en espiral (K.CC.B.5, K.G.B.4)

 2

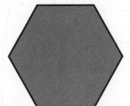

_____

- - - - - - - - - -

_____

3

_____

- - - - - -

_____ **vértices**

INSTRUCCIONES **1.** Encierra en un círculo el conjunto que muestra un objeto con forma de esfera por encima de un objeto con forma de cubo. **2.** Cuenta y di cuántos hay. Escribe el número. **3.** ¿Cuántos vértices tiene el hexágono? Escribe el número.

PRACTICA MÁS CON EL
Entrenador personal
en matemáticas

Nombre _____

Al lado y junto a

Pregunta esencial ¿Cómo usamos los términos *al lado* y *junto a* para describir figuras en nuestro medio ambiente?

Estándares comunes Geometría—K.G.A.1

PRÁCTICAS MATEMÁTICAS
MP3, MP4, MP6

Escucha y dibuja En el mundo

INSTRUCCIONES Traza una X en el objeto con forma de cono que está al lado del objeto con forma de esfera. Encierra en un círculo el objeto con forma de esfera que está junto al objeto con forma de cubo.

Capítulo 10 • Lección 9

①

INSTRUCCIONES 1. Marca con una X la cuenta con forma de cubo que está al lado de la cuenta con forma de cono. Dibuja un círculo alrededor de la cuenta con forma de cono que está junto a la cuenta con forma de cilindro. Usa las palabras *al lado* y *junto a* para identificar la posición de otras cuentas de distintas formas.

INSTRUCCIONES 2. Marca con una X el objeto con forma de cilindro que está al lado del objeto con forma de esfera. Dibuja un círculo alrededor del objeto con forma de cono que está junto al objeto con forma de cubo. Usa las palabras *al lado* y *junto a* para explicar la posición de otros paquetes de distintas formas.

Resolución de problemas • Aplicaciones En el mundo

3

ESCRIBE

INSTRUCCIONES 3. Dibuja o usa ilustraciones para mostrar lo que sabes sobre objetos tridimensionales de la vida real que están al lado o junto a otros objetos.

ACTIVIDAD PARA LA CASA • Diga a su niño que usted está pensando en algo de la habitación que está al lado o junto a otro objeto. Pídale que diga qué figura tiene ese objeto.

Al lado y junto a

Estándares comunes **ESTÁNDAR COMÚN—K.G.A.1**
*Identifican y describen las figuras geométricas
(cuadrados, círculos, triángulos, rectángulos,
hexágonos, cubos, conos, cilindros, y esferas).*

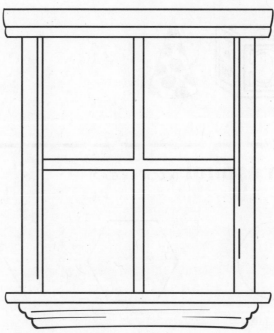

INSTRUCCIONES **I.** Marca una X en el objeto con forma de cilindro que está al lado del objeto con forma de esfera. Encierra en un círculo el objeto con forma de cono que está junto al objeto con forma de cubo. Usa las palabras *al lado de* y *junto a* para nombrar la posición de otras figuras.

Capítulo 10

Repaso en espiral (K.CC.A.3, K.G.A.2)

 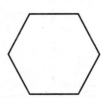

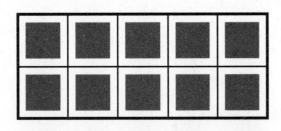

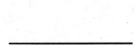

INSTRUCCIONES **1.** Encierra en un círculo el conjunto que muestra un objeto con forma de cubo junto al objeto con forma de cono. **2.** ¿Cuál figura es un hexágono? Colorea el hexágono. **3.** ¿Cuántas fichas cuadradas hay? Escribe el número.

PRACTICA MÁS CON EL
Entrenador personal
en matemáticas

Nombre _____

Enfrente y detrás

Pregunta esencial ¿Cómo usamos los términos *delante* y *detrás* para describir figuras del medio ambiente?

Estándares comunes Geometría—K.G.A.1

PRÁCTICAS MATEMÁTICAS
MP3, MP4, MP6

Escucha y dibuja *En el mundo*

INSTRUCCIONES Traza una X en el objeto con forma de esfera que está delante del objeto con forma de cubo. Traza un círculo alrededor del objeto con forma de cilindro que está detrás del objeto con forma de cubo.

Capítulo 10 • Lección 10

INSTRUCCIONES 1. Marca con una X el objeto con forma de cilindro que está detrás del objeto con forma de cubo. Dibuja un círculo alrededor del objeto con forma de esfera que está justo enfrente del objeto con forma de cono. Usa las palabras *delante* y *detrás* para nombrar la posición de otras figuras.

INSTRUCCIONES   2. Marca con una X el objeto con forma de cubo que está
delante del objeto con forma de cilindro. Dibuja un círculo alrededor del objeto con
forma de cilindro que está detrás del objeto con forma de esfera. Usa las palabras
enfrente y *detrás* para nombrar la posición de otros objetos de distintas formas.

Capítulo 10 • Lección 10   seiscientos veintinueve **629**

Resolución de problemas • Aplicaciones

3

ESCRIBE

INSTRUCCIONES 3. Dibuja o usa ilustraciones para mostrar lo que sabes sobre objetos tridimensionales de la vida real que están enfrente o detrás de otros objetos.

ACTIVIDAD PARA LA CASA • Diga a su niño que usted está pensando en algo de la habitación que está delante o detrás de otro objeto. Pídale que le diga qué figura tiene ese objeto.

Delante y detrás

ESTÁNDAR COMÚN—K.G.A.1
*Identifican y describen las figuras geométricas
(cuadrados, círculos, triángulos, rectángulos,
hexágonos, cubos, conos, cilindros, y esferas).*

Estándares
comunes

INSTRUCCIONES   I. Marca una X en el objeto con forma de cilindro que
está detrás del objeto con forma de cono. Encierra en un círculo el objeto
con forma de cilindro que está delante del objeto con forma de cubo. Usa las
palabras *enfrente de* y *detrás de* para nombrar la posición de otras figuras.

Capítulo 10

Repaso de la lección (K.G.A.1)

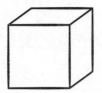 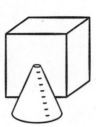

Repaso en espiral (K.OA.A.1, K.G.A.2)

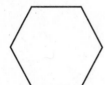

_____

- - - - - - -

_____   y   _____

INSTRUCCIONES **1.** Encierra en un círculo el conjunto que muestra un objeto con forma de cono enfrente de un objeto con forma de cubo. **2.** ¿Cuál figura es un triángulo? Colorea el triángulo. **3.** ¿Cuántas fichas de cada color hay? Escribe los números.

632 seiscientos treinta y dos

PRACTICA MÁS CON EL
Entrenador personal
en matemáticas

Nombre _____

Repaso y prueba del Capítulo 10

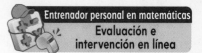 Entrenador personal en matemáticas
Evaluación e
intervención en línea

○   ○   ○   ○

3 PIENSA MÁS ➕

6 lados   Sí   No

superficie curva   Sí   No

INSTRUCCIONES 1. Marca bajo todas las figuras que se apilan. 2. ¿Cuáles objetos tienen la figura de una esfera? Marca con una X cada uno de ellos. 3. ¿Describen las palabras un cubo? Encierra en un círculo Sí o No.

Capítulo 10   Opciones de evaluación
Prueba del capítulo   seiscientos treinta y tres **633**

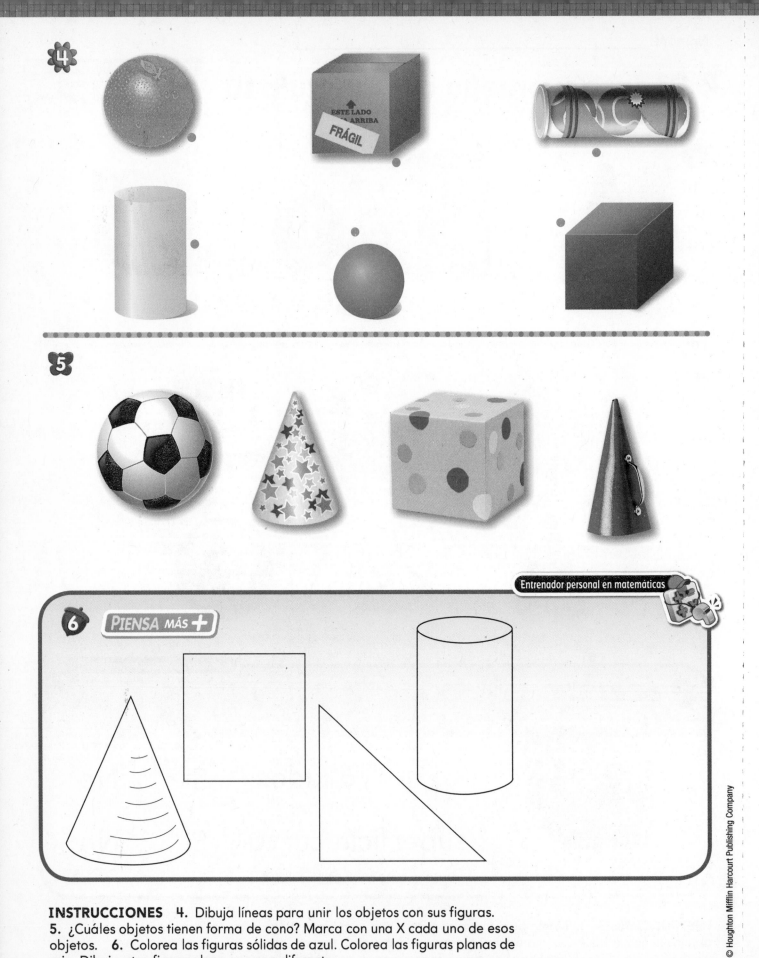

INSTRUCCIONES **4.** Dibuja líneas para unir los objetos con sus figuras.
5. ¿Cuáles objetos tienen forma de cono? Marca con una X cada uno de esos objetos. **6.** Colorea las figuras sólidas de azul. Colorea las figuras planas de rojo. Dibuja otra figura plana que sea diferente.

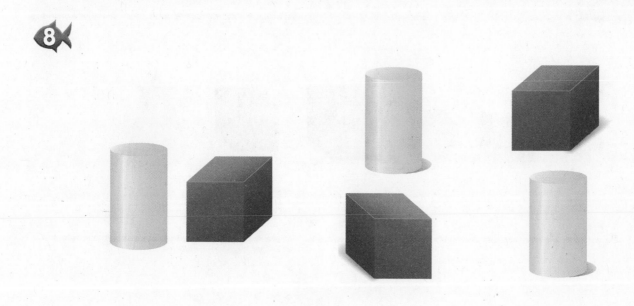

INSTRUCCIONES **7.** Dibuja un objeto que tenga la forma de un cilindro. **8.** Encierra en un círculo las figuras que muestren el cilindro por encima del cubo **9.** Marca con una X el objeto con forma de cilindro que está junto al objeto con forma de cono.

Capítulo 10

seiscientos treinta y cinco **635**

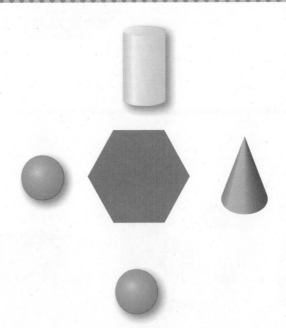

INSTRUCCIONES 10. Marca con una X el cono enfrente del cubo.
11. Marca con una X el cubo que está al lado del cono   12. Marca una X en la
esfera que está debajo del hexágono.

Plantas por todas partes

escrito por Tami Morton

Estándares comunes · **ÁREA DE ATENCIÓN** Representar, relacionar y hacer operaciones de números enteros, inicialmente con conjuntos de objetos

Dos hojas caen de un árbol.

Encierra en un círculo la hoja más larga.

Ciencias

¿Por qué tienen hojas las plantas?

Dos flores crecen cerca de una pared.

Encierra en un círculo la flor más baja.

Ciencias

¿Por qué tienen flores las plantas?

Estas zanahorias crecen debajo de la tierra.

Encierra en un círculo la zanahoria más larga.

© Houghton Mifflin Harcourt Publishing Company

Ciencias

¿Por qué tienen raíces las plantas?

Las espadañas pueden ser bajas o altas.
Encierra en un círculo las dos espadañas que son de
casi la misma altura.

Ciencias

¿Por qué tienen tallos las plantas?

Una hoja es más corta que la otra.

Dibuja una hoja de casi la misma longitud
que la hoja más corta.

Ciencias

¿En qué se parecen todas las plantas?

Escribe sobre el cuento

Dibuja una flor morada. Hazla más baja que la flor anaranjada y más alta que la flor amarilla.

Repaso del vocabulario

más largo	más alto
más corto	igual

Más largos y más cortos

1. Observa la zanahoria. Dibuja una zanahoria más corta a la izquierda. Dibuja una zanahoria más larga a la derecha.

2. Observa la hoja.
   Dibuja una hoja más larga arriba.
   Dibuja una hoja más corta abajo.

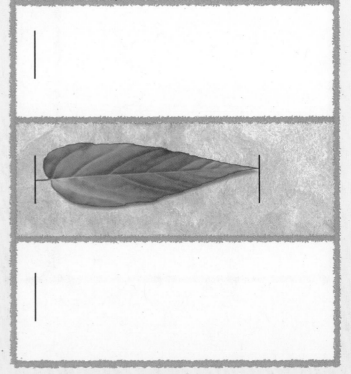

Medición

Aprendo más con
Jorge el Curioso

El parque es un lugar diseñado para que jueguen los niños.

• ¿Qué persona de las que están sentadas en el banco es más grande?

Nombre _____

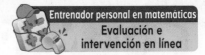 **Entrenador personal en matemáticas**
Evaluación e
intervención en línea

Más y menos

_____

- - - - - - -

_____

_____

- - - - - - -

_____

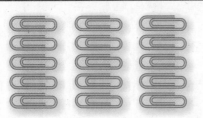

_____

- - - - - - -

_____

_____

- - - - - - -

_____

Compara números

- - - - - - -

_____

- - - - - - -

_____

Esta página es para comprobar si los niños comprenden las destrezas importantes que se necesitan para tener éxito con el Capítulo 11.

INSTRUCCIONES **1.** Escribe cuántos hay en cada conjunto. Encierra en un círculo el conjunto que tiene menos objetos. **2.** Escribe cuántos hay en cada conjunto. Encierra en un círculo el conjunto que tiene más objetos. **3.** Escribe cuántos cubos hay en cada conjunto. Encierra en un círculo el número mayor.

Nombre _____

Desarrollo del vocabulario

más grande

más pequeña

INSTRUCCIONES ¿Dónde hay más flores, en la maceta más grande o en la maceta más pequeña? Encierra en un círculo para mostrar la maceta que tiene más flores.

• **Libro interactivo del estudiante**
• **Glosario multimedia**

Capítulo 11 — Juego
Desafío con cubos interconectables

INSTRUCCIONES Túrnate con un compañero para lanzar un cubo numerado. Mueve tu ficha ese número de espacios. Si un jugador cae en un cubo, toma un cubo para hacer un tren. Al final del juego, los jugadores comparan los trenes de cubos. Cada jugador identifica el número de cubos que tiene su tren. Si un jugador tiene un número mayor de cubos, los compañeros deben identificar que ese es el que tiene mayor cantidad de cubos.

MATERIALES fichas del juego, cubo numerado del 1 al 6, cubos interconectables

648 seiscientos cuarenta y ocho

© Houghton Mifflin Harcourt Publishing Company

Vocabulario del Capítulo 11

de la misma altura same height 22	**del mismo largo** same length 25
del mismo peso same weight 26	**más alto** taller 51
más corto shorter 52	**más largo** longer 54
más liviano lighter 55	**más pesado** heavier 56

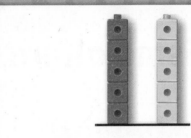

del mismo largo

de la misma altura

← **más alta**

del mismo peso

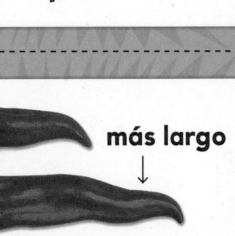

más largo
↓

más corta

↑
más pesado

↑
más liviano

Juego

Medidas

más pesado

más liviano

más largo

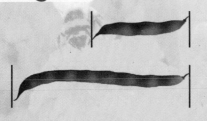

más corto

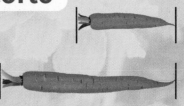

más alto

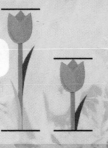

de la misma altura

del mismo largo

del mismo peso

INSTRUCCIONES Di cada palabra. Di algo que sepas de la palabra.

Juego

más pesado

el mismo peso

más corto

el mismo largo

META

INSTRUCCIONES Coloca las fichas de juego en la SALIDA. Juega con un compañero. Túrnense. Lanza el cubo numerado. Avanza esa cantidad de espacios. Si un jugador cae en un espacio con una palabra o más palabras, usa los cubos interconectables para hacer un modelo y hablar de la palabra. Si el modelo es correcto, el jugador obtiene 1 punto. Cuando un jugador obtiene 5 puntos, sigue el recorrido verde más cercano a la META. El primer jugador que llega a la META es el ganador.

MATERIALES ficha de 2 colores como pieza de juego por cada jugador, cubo numerado, cubos interconectables rojo y azul

648B seiscientos cuarenta y ocho

más alto

la misma altura

más liviano

META

más largo

SALIDA ▶

Escríbelo

INSTRUCCIONES Haz dibujos para mostrar cómo comparar la longitud de dos objetos.
Reflexiona Prepárate para hablar de tu dibujo.

Nombre _____

Comparar longitudes

Pregunta esencial ¿Cómo comparas las longitudes de dos objetos?

Estándares comunes Medición y datos—K.MD.A.2

PRÁCTICAS MATEMÁTICAS
MP3, MP5, MP6

Escucha y dibuja En el mundo

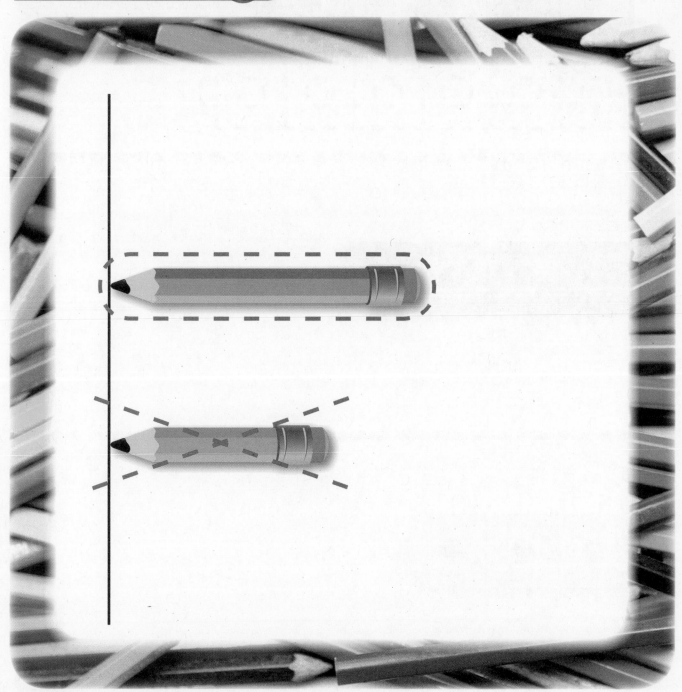

INSTRUCCIONES Observa los lápices. Compara las longitudes de los dos lápices. Usa las palabras *más largo que*, *más corto que* o *casi de la misma longitud* para describir las longitudes. Traza un círculo alrededor del lápiz más largo. Traza una X en el lápiz más corto.

Capítulo 11 • Lección 1

seiscientos cuarenta y nueve **649**

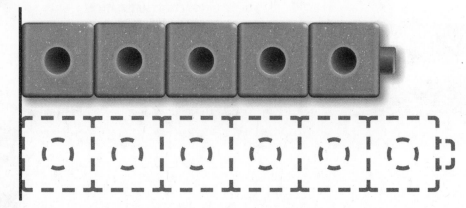

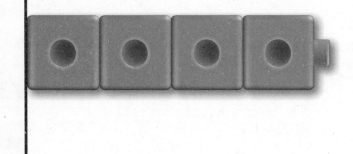

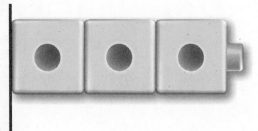

INSTRUCCIONES 1. Pon cubos en el tren de cubos más largo. Traza y colorea el tren de cubos. **2–3.** Haz un tren de cubos que sea más largo que el tren de cubos que se muestra. Dibuja y colorea el tren de cubos.

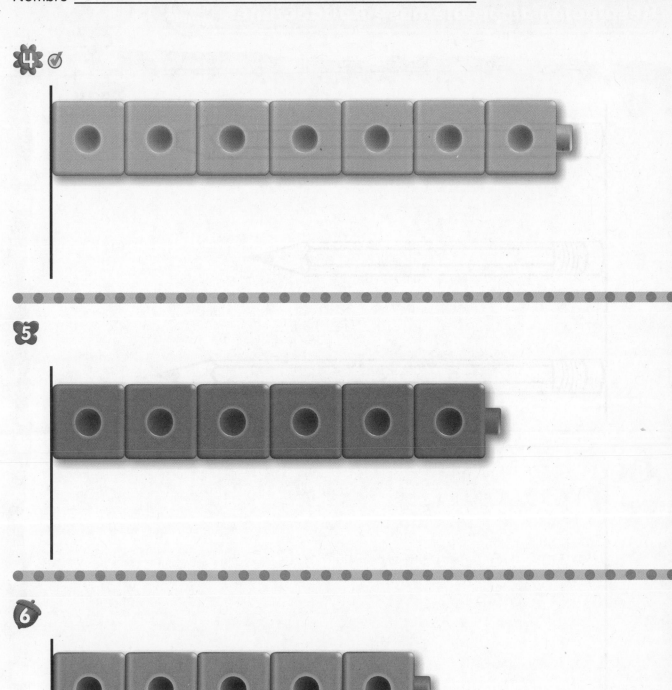

INSTRUCCIONES 4–6. Haz un tren de cubos que sea más corto que el tren de cubos que se muestra. Dibuja y colorea el tren de cubos.

Resolución de problemas • Aplicaciones En el mundo

ESCRIBE

7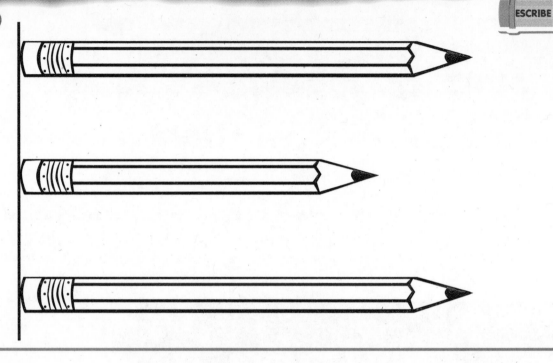

8 🐟

INSTRUCCIONES 7. Dos de estos lápices son casi de la misma longitud. Colorea esos lápices. **8.** Dibuja para mostrar lo que sabes sobre dos objetos que sean casi de la misma longitud. Explícale a un amigo tu dibujo.

ACTIVIDAD PARA LA CASA • Muestre a su niño un lápiz y pídale que busque un objeto más largo que el lápiz. Repita con un objeto más corto que el lápiz.

652 seiscientos cincuenta y dos

Nombre _____

Comparar longitudes

Estándares comunes

ESTÁNDAR COMÚN—K.MD.A.2
Describen y comparten atributos medibles.

INSTRUCCIONES **I.** Haz un tren de cubos que sea más largo que el tren de cubos que se muestra. Dibuja y colorea el tren de cubos. **2.** Haz un tren de cubos que sea más corto que el tren de cubos que se muestra. Dibuja y colorea el tren de cubos. **3.** Haz un tren de cubos que sea casi de la misma longitud que el tren de cubos que se muestra. Dibuja y colorea el tren de cubos.

Repaso de la lección (K.MD.A.2)

Repaso en espiral (K.G.A.2, K.G.B.4)

②

③

INSTRUCCIONES **I.** Haz un tren de cubos que sea más corto que el tren de cubos que se muestra. Dibuja y colorea el tren de cubos. **2.** ¿Cuál figura es una esfera? Marca con una X en la figura. **3.** Observa la figura. Dibuja una figura que sea parecida de alguna manera. Explica en qué se parecen ambas figuras.

654 seiscientos cincuenta y cuatro

PRACTICA MÁS CON EL
Entrenador personal
en matemáticas

Nombre _____

Comparar alturas

Pregunta esencial ¿Cómo comparas las alturas de
dos objetos?

 Estándares comunes **Medición y datos—K.MD.A.2**

PRÁCTICAS MATEMÁTICAS
MP3, MP5, MP6

Escucha y dibuja *En el mundo*

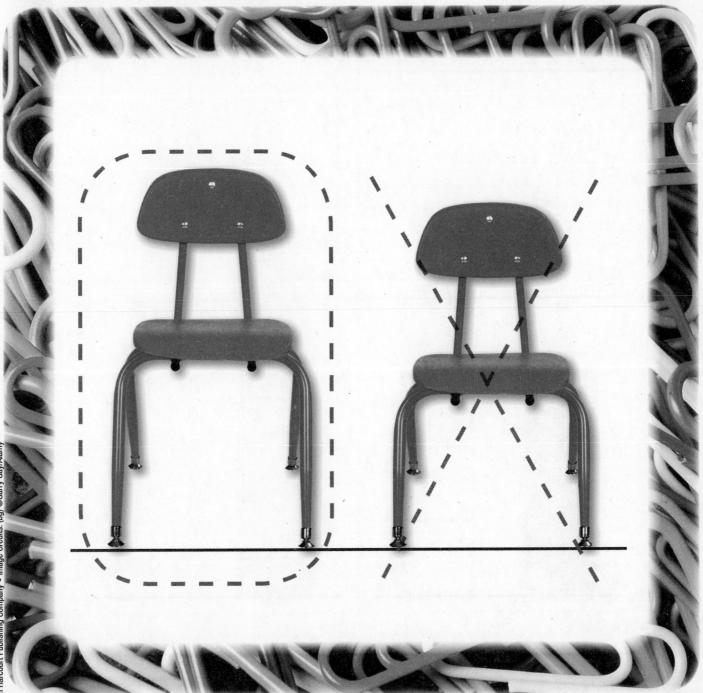

INSTRUCCIONES Observa las sillas. Compara las alturas de las dos sillas.
Usa las palabras *más alta que*, *más baja que* o *casi de la misma altura* para
describir las alturas. Traza el círculo alrededor de la silla más alta. Traza una X
en la silla más baja.

Capítulo 11 • Lección 2

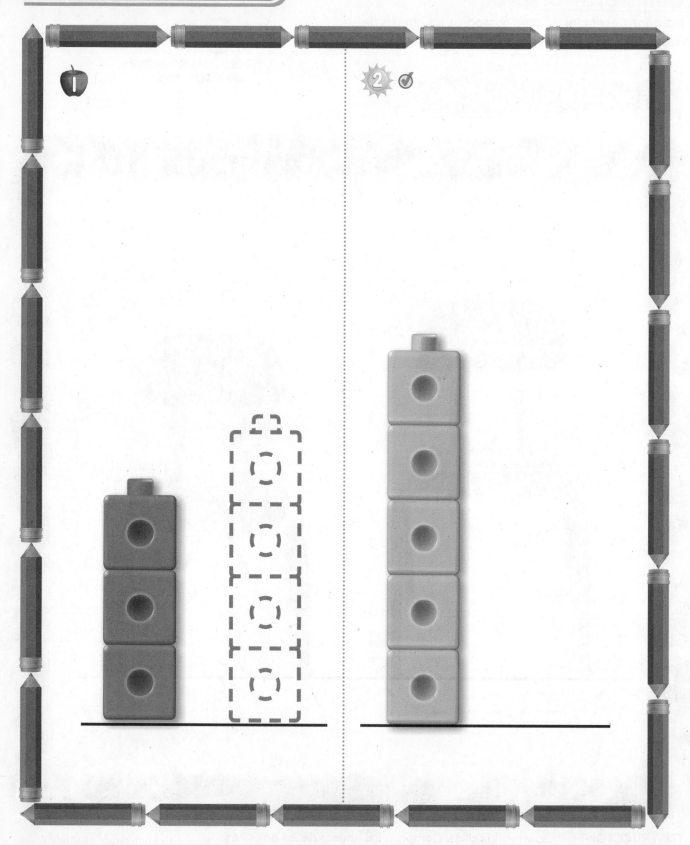

INSTRUCCIONES **I.** Pon cubos en la torre de cubos más alta. Traza y colorea la torre de cubos. **2.** Haz una torre de cubos que sea más alta que la torre de cubos que se muestra. Dibuja y colorea la torre de cubos.

656 seiscientos cincuenta y seis

Nombre _____

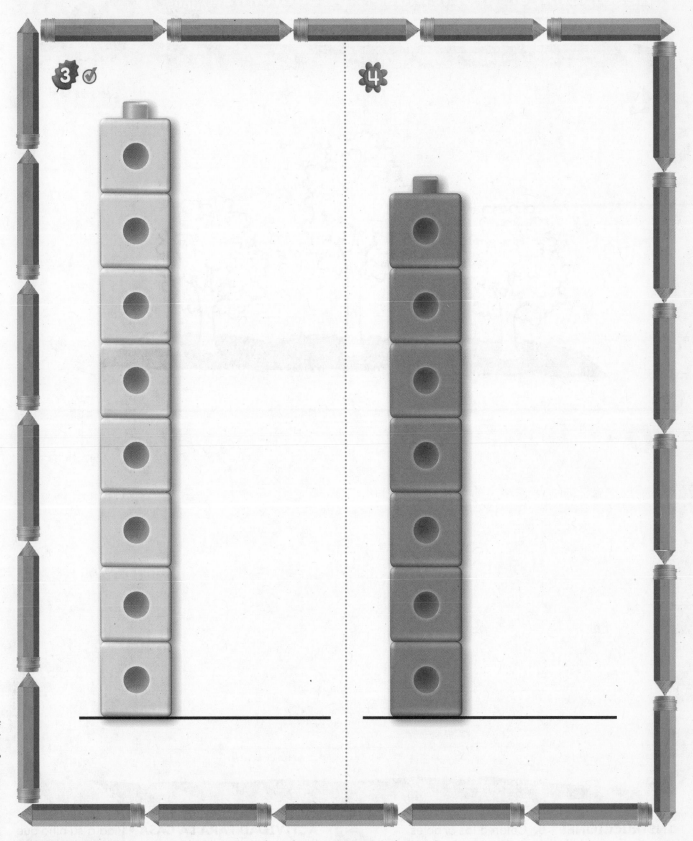

3 ✓

4

INSTRUCCIONES 3–4. Haz una torre de cubos que sea más baja que la torre de cubos que se muestra. Dibuja y colorea la torre de cubos.

Capítulo 11 • Lección 2

seiscientos cincuenta y siete **657**

Resolución de problemas • Aplicaciones *En el mundo*

ESCRIBE

5

6

INSTRUCCIONES 5. Colorea los árboles que sean casi de la misma altura. **6.** Dibuja para mostrar lo que sabes sobre dos torres de cubos que sean casi de la misma altura. Explícale a un amigo tu dibujo.

ACTIVIDAD PARA LA CASA • Pida a su niño que busque juguetes de plástico o animales de peluche. Pídale que ponga los objetos uno al lado del otro para comparar las alturas. Pregúntele qué objeto es más alto y cuál es más bajo.

Comparar alturas

Estándares comunes **ESTÁNDAR COMÚN —K.MD.A.2**
Describen y comparten atributos medibles.

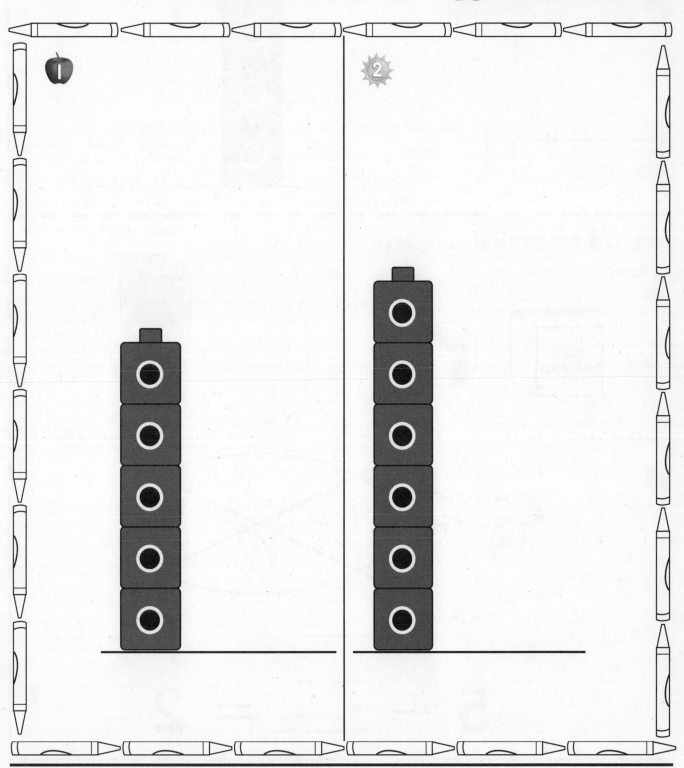

1

2

INSTRUCCIONES 1. Haz una torre de cubos que sea más alta que la torre de cubos que se muestra. Dibuja y colorea la torre de cubos. **2.** Haz una torre de cubos que sea más baja que la torre de cubos que se muestra. Dibuja y colorea la torre de cubos.

Repaso de la lección (K.MD.A.2)

Repaso en espiral (K.OA.A.5, K.G.A.1)

JUGUETES PARA GATOS

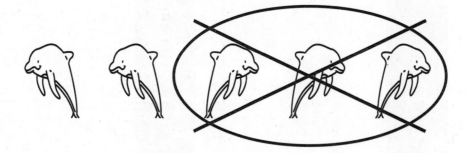

$$5 - \underline{\quad} = 2$$

INSTRUCCIONES **I.** Haz una torre de cubos que sea más baja que la torre de cubos que se muestra. Dibuja y colorea la torre de cubos. **2.** Encierra en un círculo el conjunto que muestra un objeto con forma de esfera debajo del objeto con forma de cubo. **3.** ¿Cuántos delfines se quitan del conjunto? Escribe el número.

660 seiscientos sesenta

PRACTICA MÁS CON EL
Entrenador personal
en matematicas

Nombre _____

Resolución de problemas • Comparación directa

Pregunta esencial ¿Cómo resuelves los problemas usando la estrategia de *hacer un dibujo?*

 Estándares comunes **Medición y datos—K.MD.A.2**

PRÁCTICAS MATEMÁTICAS
MP1, MP3, MP6

 Soluciona el problema

© Houghton Mifflin Harcourt Publishing Company • Image Credits: ©Bryan Mullennix/Getty Images

INSTRUCCIONES Compara las longitudes y alturas de dos objetos del salón de clases. Dibuja los objetos. Explícale a un amigo tu dibujo.

Capítulo 11 • Lección 3

seiscientos sesenta y uno **661**

INSTRUCCIONES I. Busca dos objetos pequeños del salón de clases. Pon un extremo de cada objeto en la línea. Compara las longitudes. Dibuja los objetos. Di *más largo que*, *más corto que* o *casi de la misma longitud* para describir las longitudes. Encierra en un círculo el objeto más largo si un objeto es más largo que el otro.

Comparte y muestra

2 ✓

INSTRUCCIONES **2.** Busca dos objetos pequeños del salón de clases. Pon un extremo de cada objeto en la línea. Compara las alturas. Dibuja los objetos. Di *más alto que*, *más bajo que* o *casi de la misma altura* para describir las alturas. Encierra los dos objetos en un círculo si ambos tienen casi la misma altura. Encierra en un círculo el objeto más bajo si un objeto es más bajo que el otro.

ACTIVIDAD PARA LA CASA • Muestre a su niño dos objetos de diferentes longitudes. Pídale que alinee los extremos de ambos objetos para comparar las longitudes y que diga qué objeto es más corto y cuál es más largo.

Revisión de la mitad del capítulo

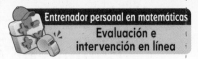
Entrenador personal en matemáticas
Evaluación e
intervención en línea

Conceptos y destrezas

1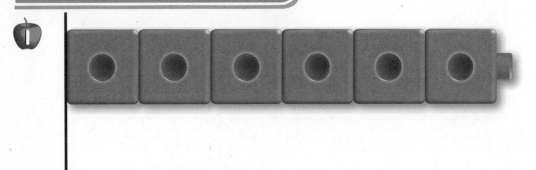

2 **3**

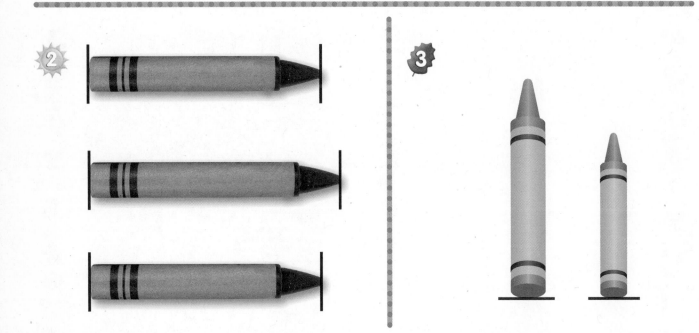

4 PIENSA MÁS

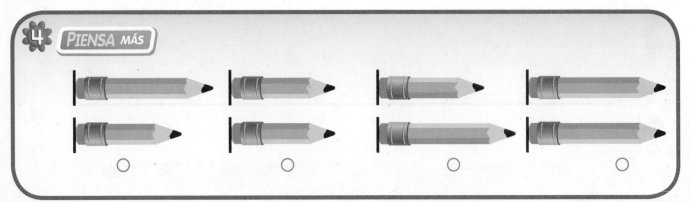

INSTRUCCIONES **I.** Haz un tren de cubos que sea más corto que el que se muestra. Dibuja el tren de cubos. (K.MD.A.2) **2.** Encierra en un círculo los crayones que sean casi de la misma longitud. (K.MD.A.2) **3.** Encierra en un círculo el crayón que sea más corto. (K.MD.A.2) **4.** Elige un conjunto de dos lápices que sean casi de la misma longitud. (K.MD.A.2)

Resolución de problemas •
Comparación directa

Estándares comunes **ESTÁNDAR COMÚN—K.MD.A.2**
Describen y comparten atributos medibles.

─────────────────────────────

_____

INSTRUCCIONES 1. Busca dos objetos pequeños del salón de clases. Pon un extremo de cada objeto en la línea. Compara las longitudes. Dibuja los objetos. Di *más largo que*, *más corto que* o *casi de la misma longitud* para describir las longitudes. Encierra en un círculo ambos objetos si son casi de la misma longitud. Encierra en un círculo el objeto más largo si un objeto es más largo que el otro. **2.** Busca dos objetos pequeños del salón de clases. Pon un extremo de cada objeto en la línea. Compara las alturas. Dibuja los objetos. Di *más alto que*, *más bajo que* o *casi de la misma altura* para describir las alturas. Encierra en un círculo ambos objetos si son casi de la misma altura. Encierra en un círculo el objeto más bajo si un objeto es más bajo que el otro.

Repaso de la lección (K.MD.A.2)

Repaso en espiral (K.OA.A.2, K.G.B.4)

_____

- - - - - - -

_____ **vértices**

INSTRUCCIONES   1. Busca dos lápices. Pon el extremo de cada lápiz en la línea. Compara las longitudes.
Dibuja los lápices. Di *más largo que, más corto que* y *casi de la misma longitud* para describir las longitudes
Encierra en un círculo ambos lápices si son casi de la misma longitud. Encierra en un círculo el lápiz más corto si
un lápiz es más corto que el otro.   **2.** ¿Cuántos vértices tiene el rectángulo? Escribe el número.   **3.** Completa
el enunciado de resta con los cubos.

Nombre _____

Comparar pesos

Pregunta esencial ¿Cómo puedes comparar los pesos de dos objetos?

MEDICIÓN Y DATOS—K.MD.A.2
Estándares comunes

PRÁCTICAS MATEMÁTICAS
MP3, MP5, MP6

Escucha y dibuja En el mundo

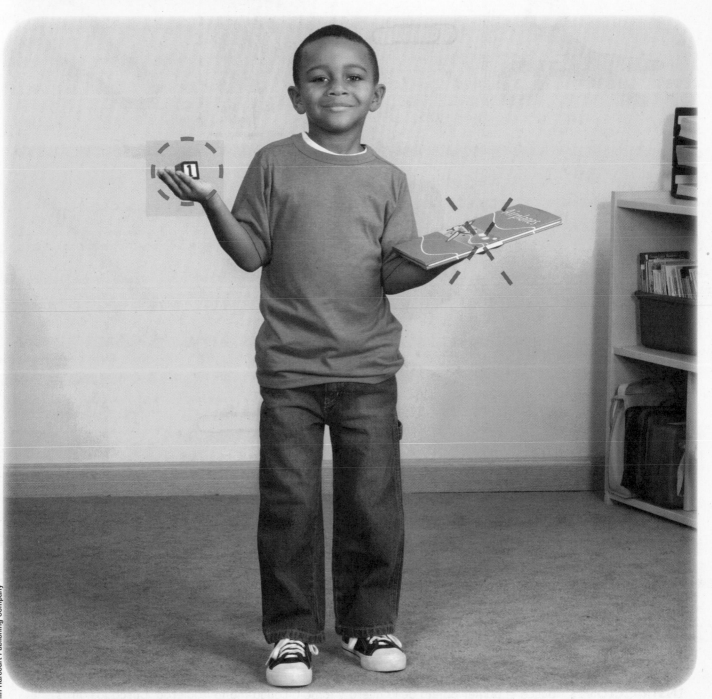

INSTRUCCIONES Observa la ilustración. Compara los pesos de los dos objetos. Usa las palabras *más pesado que*, *más liviano que* o *casi del mismo peso* para describir los pesos. Traza un círculo alrededor del objeto más liviano. Traza una X sobre el objeto más pesado.

Capítulo 11 • Lección 4

izquierda   derecha

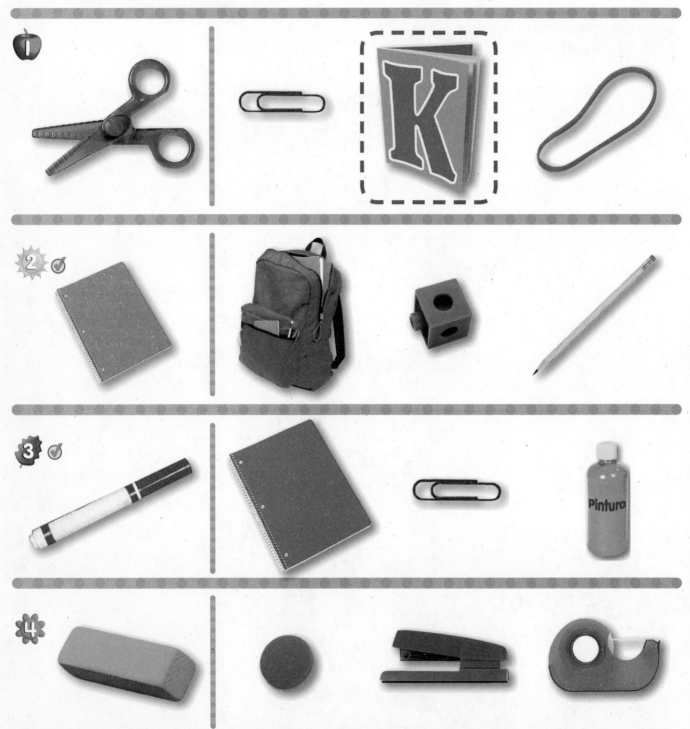

INSTRUCCIONES Busca el primer objeto de la hilera y tómalo con la mano izquierda. Busca los otros objetos de la hilera y toma cada uno con la mano derecha. **1.** Traza para mostrar el objeto que sea más pesado que el objeto que tienes en la mano izquierda. **2.** Encierra en un círculo el objeto que es más pesado que el objeto que tienes en la mano izquierda. **3–4.** Encierra en un círculo el objeto que sea más liviano que el objeto que tienes en la mano izquierda.

668 seiscientos sesenta y ocho

© Houghton Mifflin Harcourt Publishing Company • Image Credits: (backpack) ©Siede Preis/PhotoDisc/Getty Images; (eraser) ©Artville/Getty Images

5

6

INSTRUCCIONES Busca un libro en el salón de clases. **5.** Busca un objeto del salón de clases que sea más liviano que el libro. Dibújalo en el espacio en blanco. **6.** Busca un objeto del salón de clases que sea más pesado que el libro. Dibújalo en el espacio en blanco.

Resolución de problemas • Aplicaciones *En el mundo*

7

ESCRIBE

INSTRUCCIONES 7. Dibuja para mostrar lo que sabes sobre comparar los pesos de dos objetos. Explícale a un amigo tu dibujo.

ACTIVIDAD PARA LA CASA • Pida a su niño que compare los pesos de dos objetos del hogar. Luego pídale que use los términos *más pesado que* y *más liviano que* para describir los pesos.

670 seiscientos setenta

Comparar pesos

Estándares comunes **ESTÁNDAR COMÚN—K.MD.A.2**
Describen y comparten atributos medibles.

 izquierda   **derecha**

 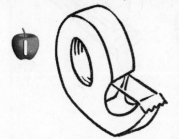   

INSTRUCCIONES Busca el primer objeto de la hilera y tómalo con la mano izquierda. Busca el resto de los objetos de la hilera y toma cada uno con la mano derecha. **1–2.** Encierra en un círculo el objeto que sea más liviano que el que tienes en la mano izquierda. **3–4.** Encierra en un círculo el objeto que sea más pesado que el que tienes en la mano izquierda.

Repaso de la lección (K.MD.A.2)

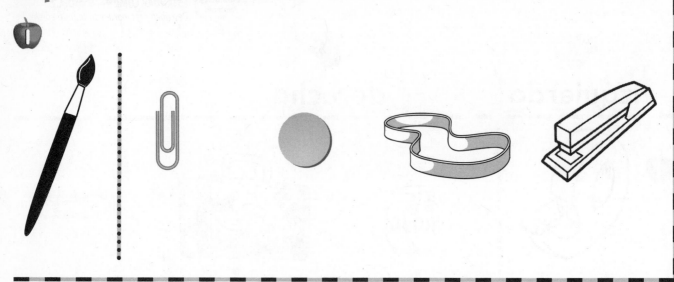

Repaso en espiral (K.CC.C.6, K.G.A.3)

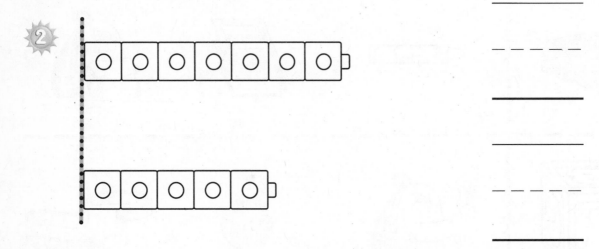

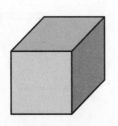  

INSTRUCCIONES **1.** Busca un pincel y tómalo con la mano izquierda. Busca el resto de los objetos de la hilera y sostén cada uno con la mano derecha. Encierra en un círculo el objeto que sea más pesado que el pincel. **2.** Cuenta los cubos. Escribe cuántos hay. Encierra en un círculo el número menor. **3.** ¿Cuál es una figura plana o bidimensional? Marca una X en la figura.

PRACTICA MÁS CON EL
Entrenador personal
en matemáticas

Nombre _____

Longitud, altura y peso

Pregunta esencial ¿Cómo describes varias maneras de medir un objeto?

Estándares comunes Medición y datos—K.MD.A.1

PRÁCTICAS MANTEMÁTICAS
MP1, MP3, MP6

Escucha y dibuja En el mundo

altura

longitud

INSTRUCCIONES Observa el libro. Traza con el dedo la línea que muestra cómo se mide la altura del libro. Traza con el dedo la línea que muestra cómo se mide la longitud del libro. Explica otra manera de medir el libro.

© Houghton Mifflin Harcourt Publishing Company • Image Credits: (bg) ©Corbis Premium RF/Alamy

Capítulo 11 • Lección 5

seiscientos setenta y tres **673**

1

2

INSTRUCCIONES 1–2. Usa el color rojo para trazar la línea que muestra cómo se mide la longitud. Usa el color azul para trazar la línea que muestra cómo se mide la altura. Di otra manera de medir el objeto.

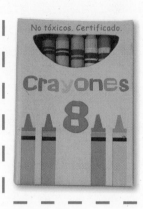

INSTRUCCIONES 3–6. Usa el color rojo para trazar la línea que
muestra cómo se mide la longitud. Usa el color azul para trazar la línea
que muestra cómo se mide la altura. Explica otra manera de medir el objeto.

Resolución de problemas • Aplicaciones En el mundo

7

ESCRIBE

INSTRUCCIONES 7. Dibuja para mostrar lo que sabes sobre medir un objeto en más de una manera.

ACTIVIDAD PARA LA CASA • Muestre a su niño un objeto en el hogar al que se le pueda medir fácilmente la altura, la longitud y el peso. Pídale que describa las diferentes maneras de medir el objeto.

Longitud, altura y peso

ESTÁNDAR COMÚN—K.MD.A.1
Describen y comparten atributos medibles.

Estándares comunes

INSTRUCCIONES 1–4. Traza con rojo la línea que muestra cómo se mide la longitud. Traza con azul la línea que muestra cómo se mide la altura. Di otra manera de medir el objeto.

Capítulo 11

Repaso de la lección (K.MD.A.1)

CRAYONES

Repaso en espiral (K.NBT.A.1, K.G.A.2)

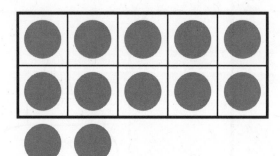

 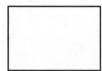

INSTRUCCIONES   I. Traza con rojo la línea que muestra cómo medir la longitud. Traza con azul la línea que muestra cómo medir la altura.   **2.** Cuenta y di cuántas fichas hay. Escribe el número.   **3.** ¿Cuál figura es un rectángulo? Colorea el rectángulo.

678 seiscientos setenta y ocho

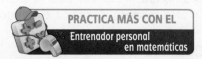

Nombre _____

 ✓**Repaso y prueba del Capítulo 11**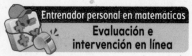
Entrenador personal en matemáticas
Evaluación e intervención en línea

 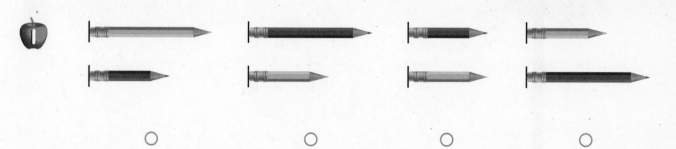

     ○   ○   ○   ○

②

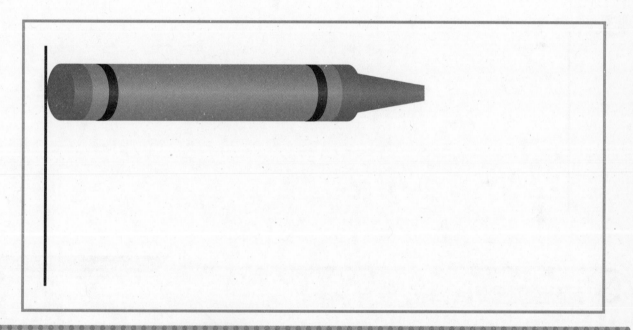

③

INSTRUCCIONES **1.** Elige todos los conjuntos que tengan un lápiz verde que sea más largo que el lápiz anaranjado **2.** Dibuja un crayón que sea más corto. 3. Encierra en un círculo el árbol más alto.

Capítulo 11   APRENDE EN LÍNEA   Opciones de evaluación   Prueba del capítulo   seiscientos setenta y nueve **679**

Entrenador personal en matemáticas

6 PIENSA MÁS +

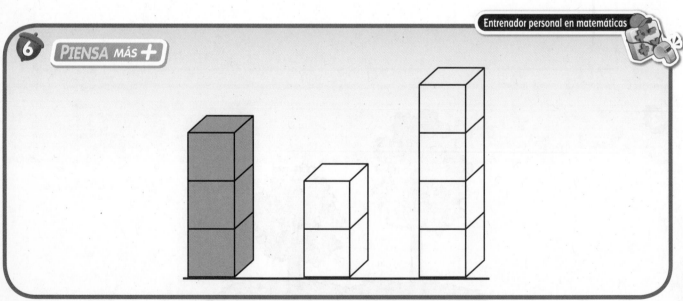

INSTRUCCIONES **4.** Este árbol es más alto que otro árbol. Dibuja el otro árbol. **5.** Dibuja dos piezas de estambre de diferentes longitudes. Dibuja un círculo alrededor del estambre más largo. **6.** ¿Cuál torre de cubos es más corta que la torre de cubos verde? Coloréala de azul. ¿Cuál torre de cubos es más alta que la torre de cubos verde? Coloréala de rojo.

Nombre _____

7

8

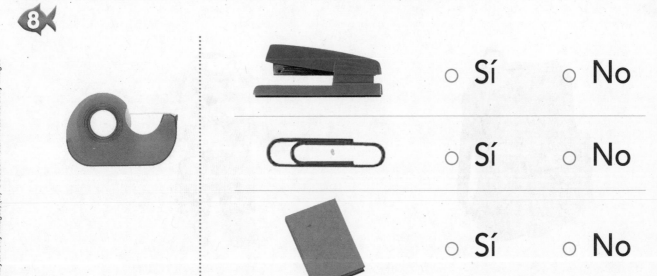

| | Sí | No |

9 PIENSA MÁS

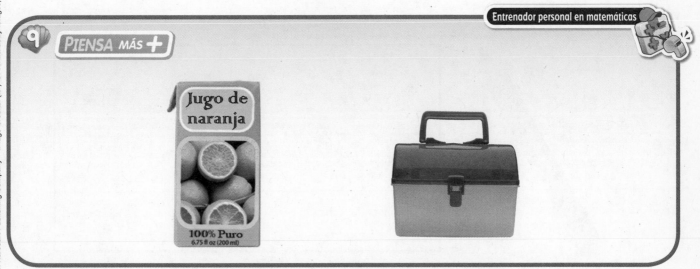

INSTRUCCIONES **7.** Encierra en un círculo todos los objetos que sean más
livianos que el libro. **8.** ¿Es el objeto más pesado que el dispensador de cinta?
Elige Sí o No. **9.** Dibuja una línea para mostrar la altura de la caja de jugo.
Dibuja una línea para mostrar el largo de la fiambrera.

10

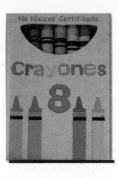 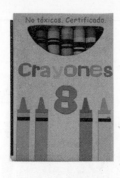  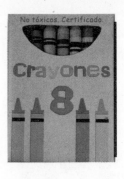

○ ○ ○ ○

12

 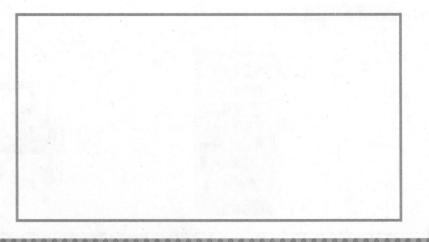

INSTRUCCIONES **10.** Elige todas las ilustraciones que tengan líneas que muestren cómo se mide la altura. **11.** Mira los objetos. Dibuja una X sobre el objeto más liviano. Encierra en un círculo el objeto más pesado. **12.** Dibuja un objeto que sea más pesado que el lápiz.

Clasificar y ordenar datos

Aprendo más con
Jorge el Curioso

Los colores primarios son el azul, el rojo y el amarillo.

• ¿Cuántos colores primarios está clasificando la niña?

Nombre _____

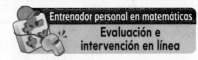
Entrenador personal en matemáticas
Evaluación e intervención en línea

Color y forma

1

2

Compara conjuntos

3    _____

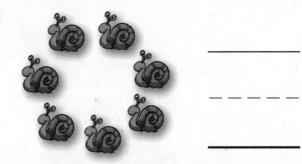   _____

4

_____

_____

_____

Esta página es para comprobar si los niños comprenden las destrezas importantes que se necesitan para tener éxito con el Capítulo 12.

INSTRUCCIONES   1. Encierra en un círculo las frutas rojas.   **2.** Encierra en un círculo los triángulos.   **3.** Cuenta y escribe cuántos hay en cada conjunto. Encierra en un círculo el conjunto que tiene más objetos.   **4.** Cuenta y escribe cuántos hay en cada conjunto. Encierra en un círculo el conjunto que tiene menos objetos.

Desarrollo del vocabulario

diferente

igual

INSTRUCCIONES Di lo que sabes sobre las mariquitas. Algunas mariquitas son diferentes. Encierra en un círculo esas mariquitas y di por qué son diferentes. Di lo que sabes sobre las mariposas.

• **Libro interactivo del estudiante**
• **Glosario multimedia**

Juego En la granja

INSTRUCCIONES Usa la ilustración para jugar con un compañero. Decidan quién empieza. El jugador 1 observa la ilustración, selecciona un objeto y le dice al jugador 2 de qué color es ese objeto. El jugador 2 debe adivinar qué vio el jugador 1. Una vez que el jugador 2 acierte, es su turno de elegir un objeto para que el jugador 1 lo adivine.

Vocabulario del Capítulo 12

amarillo

yellow

3

azul

blue

6

categoría

category

7

cero, ninguno

zero

9

clasificar

classify

15

forma, figura

shape

43

gráfica

graph

44

grande

big

45

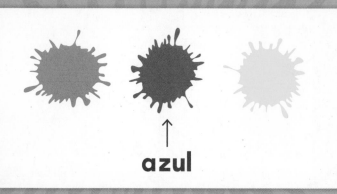

azul

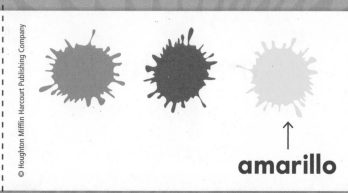

amarillo

seis tomates   cero tomates

frutas

juguetes

categoría

forma

manzanas

no hay manzanas

clasificar

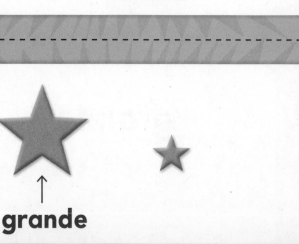

grande

gráfica

pequeño small 65	**rojo** red 70
tamaño size 76	**verde** green 83

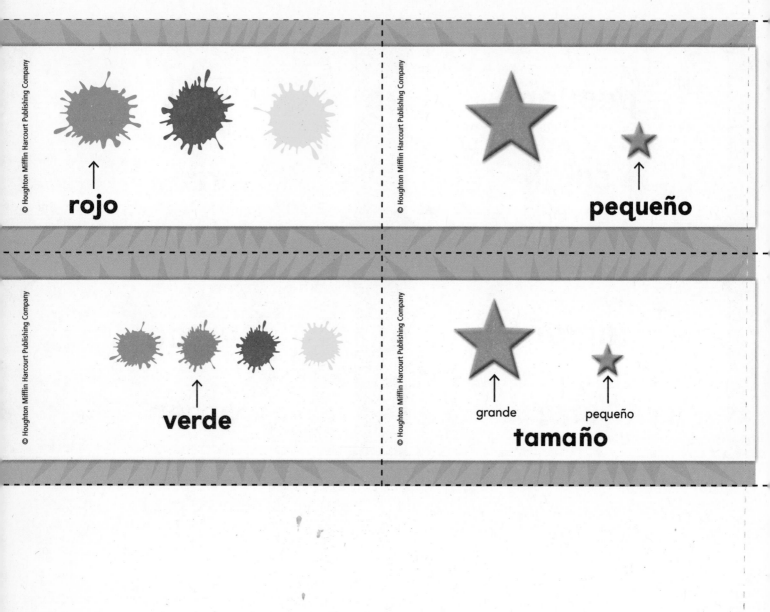

rojo

pequeño

verde

grande

pequeño

tamaño

Adivina la palabra

Recuadro de palabras

rojo
azul
verde
amarillo
clasificar
categoría
forma
tamaño
pequeño
grande
gráfica

Palabras secretas

Jugador 1				
Jugador 2				

INSTRUCCIONES Los jugadores se turnan. Un jugador elige una palabra secreta del Recuadro de palabras y luego activa el cronómetro. El jugador da pistas acerca de la palabra secreta. Si el otro jugador adivina la palabra secreta antes de que se acabe el tiempo, coloca un cubo interconectable en la tabla. Gana el primer jugador que tenga cubos interconectables en sus casillas.

MATERIALES cronómetro, cubos interconectables para cada jugador

Capítulo 12

Escríbelo

© Houghton Mifflin Harcourt Publishing Company • Image Credits: ©PhotoDisc/Getty Images

INSTRUCCIONES Elige una idea. • Haz dibujos para mostrar cómo se clasifican los objetos según el tamaño. Dibuja para mostrar una gráfica. **Reflexiona** Prepárate para hablar de tu dibujo.

Nombre _____

Álgebra • Clasificar y contar por color

Pregunta esencial ¿Cómo clasificas y cuentas los objetos según el color?

Estándares comunes Medición y datos—K.MD.B.3

PRÁCTICAS MATEMÁTICAS
MP2, MP5, MP6

Escucha y dibuja

 | no es

INSTRUCCIONES Elige un color. Usa un crayón de ese color para pintar las nubes. Clasifica un grupo de formas en un conjunto de ese color y un conjunto que no sea de ese color. Dibuja y colorea las formas.

Capítulo 12 • Lección 1

seiscientos ochenta y siete **687**

rojo	azul

amarillo	verde

INSTRUCCIONES 1. Coloca las figuras como se muestra. Clasifica
las figuras según la categoría de color. Dibuja y colorea las figuras
de cada categoría.

② 1

| rojo | azul |
| amarillo | verde |

_____
_ _ _ _
_____

③ 2

| rojo | azul |
| amarillo | verde |

_____
_ _ _ _
_____

④ 3

| rojo | azul |
| amarillo | verde |

_____
_ _ _ _
_____

INSTRUCCIONES Observa las categorías de color del Ejercicio 1. Cuenta cuántos hay en cada categoría. **2.** Encierra en un círculo las categorías de color que tengan una figura. Escribe el número. **3.** Encierra en un círculo la categoría que tiene dos figuras. Escribe el número. **4.** Encierra en un círculo la categoría que tiene 3 figuras. Escribe el número.

Capítulo 12 • Lección 1

Resolución de problemas • Aplicaciones

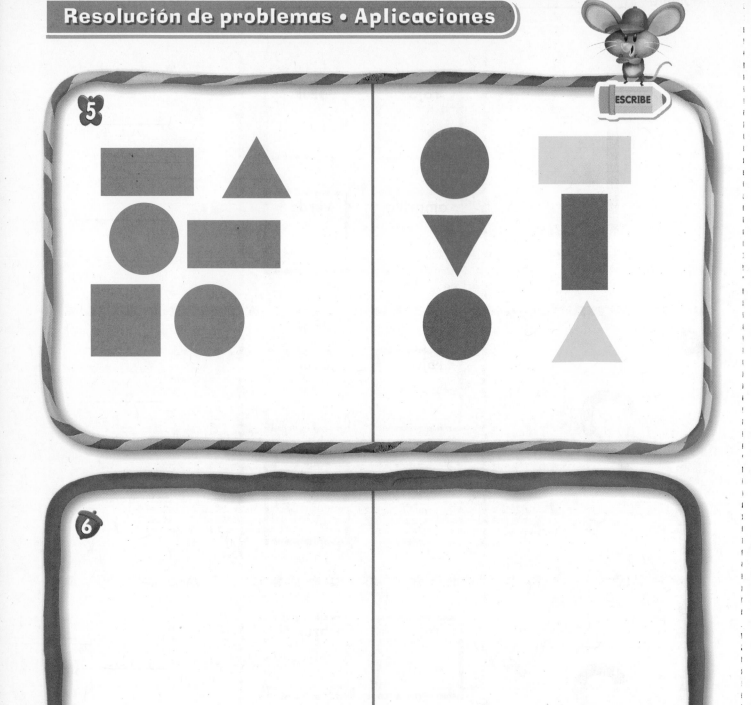

ESCRIBE

INSTRUCCIONES 5. Ava colocó sus figuras como se muestra. ¿Cómo clasificó sus figuras? Dibuja una figura más en cada categoría. **6.** Dibuja para mostrar lo que sabes sobre clasificar por colores.

ACTIVIDAD PARA LA CASA • Dé a su niño objetos iguales de diferentes colores, como pajillas, calcetines o juguetes. Pídale que clasifique los objetos en dos conjuntos: uno de un solo color y otro con los demás colores.

Nombre_____

Álgebra • Clasificar
y contar por color

Estándares comunes

ESTÁNDAR COMÚN—K.MD.B.3
Clasifican objetos y cuentan la cantidad de objetos en cada categoría.

amarillo	rojo

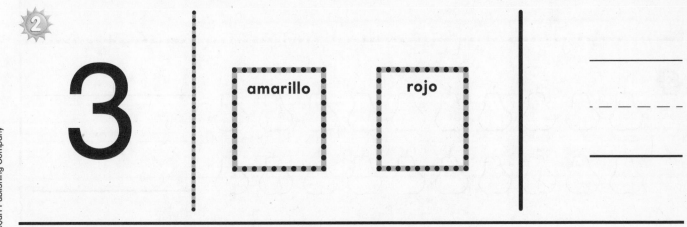

3 | amarillo | rojo |

_____

- - - - - - -

_____

INSTRUCCIONES   1. Pon un cuadrado amarillo, un triángulo rojo, un rectángulo rojo, un cuadrado amarillo y un triángulo rojo en la parte superior de la página, como se muestra. Clasifica las figuras por categoría de color. Dibuja y colorea las figuras de cada categoría.   **2.** Observa las categorías del Ejercicio I. Cuenta cuántas hay en cada categoría. Encierra en un círculo la categoría que tenga 3 figuras. Escribe el número.

Capítulo 12

Repaso de la lección (K.MD.B.3)

_____

– – – – – – – – –

_____

Repaso en espiral (K.CC.A.3, K.G.B.4)

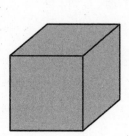  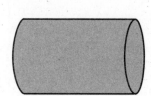

_____

– – – – – – – – –

_____

INSTRUCCIONES **I.** Observa el conjunto de figuras. ¿Cuál figura pertenece a la misma categoría? Dibuja esa figura en la caja y coloréala. ¿Cuántas figuras hay en la misma categoría ahora? Escribe el número. **2.** ¿Cuál figura no se apila? Marca una X en la figura. **3.** Cuenta y di cuántas peras hay. Escribe el número.

692 seiscientos noventa y dos

PRACTICA MÁS CON EL
Entrenador personal
en matemáticas

Nombre _____

Álgebra • Clasificar y contar por forma

Pregunta esencial ¿Cómo clasificas y cuentas objetos por su forma?

Estándares comunes Medición y datos—K.MD.B.3

PRÁCTICAS MATEMÁTICAS
MP2, MP5, MP6

Escucha y dibuja

	no es

INSTRUCCIONES Elige una figura. Dibuja la figura en la parte superior de cada lado. Clasifica un grupo de figuras en un conjunto de la figura que elegiste y en un conjunto de figuras que no tienen la misma forma. Dibuja y colorea las figuras.

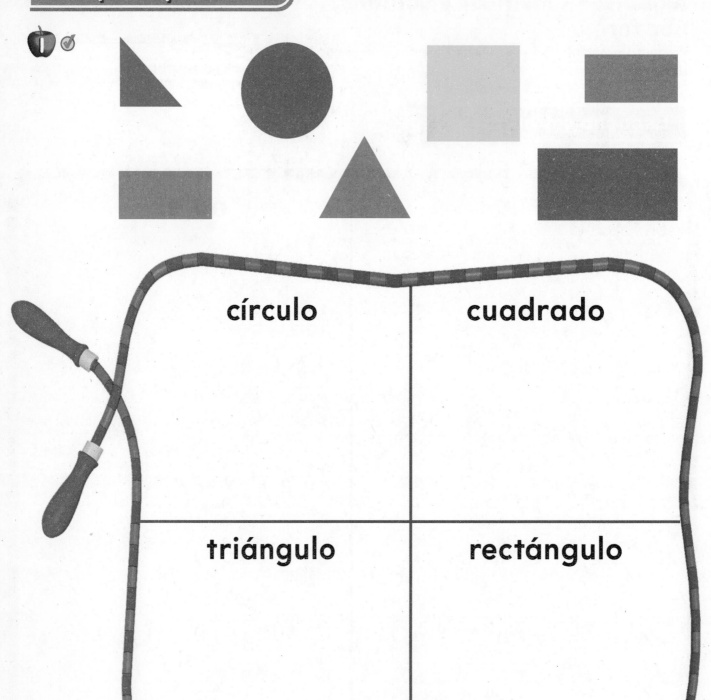

círculo | cuadrado

triángulo | rectángulo

INSTRUCCIONES 1. Coloca las figuras como se muestra. Clasifica las figuras según la categoría de su forma. Dibuja y colorea las figuras de cada categoría.

2

1

círculo	cuadrado
triángulo	rectángulo

_____

- - - - - - - - - - - -

_____

3

2

círculo	cuadrado
triángulo	rectángulo

_____

- - - - - - - - - - - -

_____

4

3

círculo	cuadrado
triángulo	rectángulo

_____

- - - - - - - - - - - -

_____

INSTRUCCIONES Observa las categorías de figuras del Ejercicio I. Cuenta cuántos hay en cada categoría. **2.** Encierra en un círculo las categorías que tengan una figura. Escribe el número. **3.** Encierra en un círculo las categorías que tengan dos figuras. Escribe el número. **4.** Encierra en un círculo las categorías que tengan tres figuras. Escribe el número.

Capítulo 12 • Lección 2

Resolución de problemas • Aplicaciones

ESCRIBE

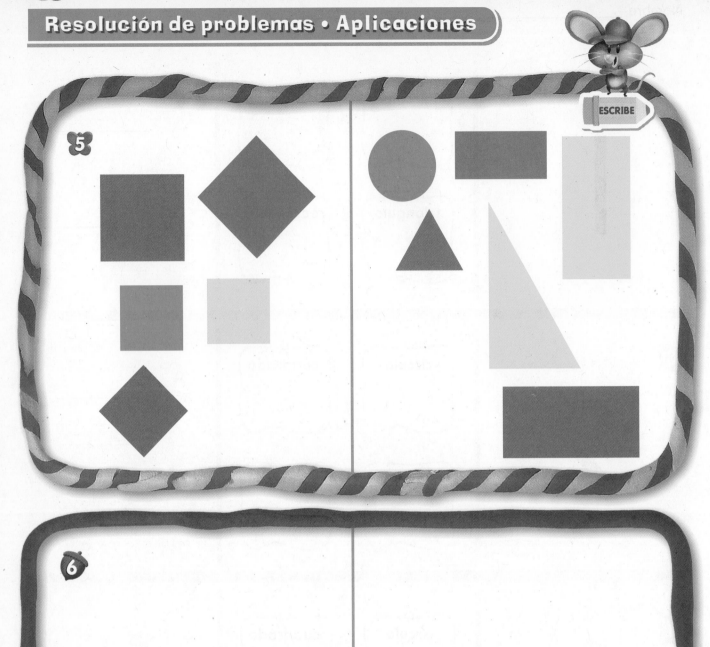

INSTRUCCIONES 5. Brandon usó sus figuras. ¿Cómo ordenó y clasificó sus figuras? Dibuja una figura más en cada categoría. **6.** Usando las mismas figuras, dibuja para mostrar lo que sabes sobre ordenar y clasificar figuras por su forma de una manera diferente.

ACTIVIDAD PARA LA CASA • Pida a su niño que clasifique objetos del hogar en categorías de forma.

Nombre_____

Álgebra • Clasificar
y contar por forma

ESTÁNDAR COMÚN—K.MD.B.3
Clasifican objetos y cuentan la cantidad de
objetos en cada categoría.

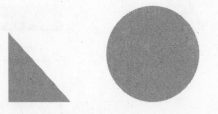  

triángulo	círculo

- -

2

triángulo	círculo

_____

- - - - - - - - - -

_____

INSTRUCCIONES 1. Pon un triángulo verde, un círculo azul, un triángulo rojo y un
círculo azul en la parte superior de la página, como se muestra. Clasifica las figuras
por categoría de figura. Dibuja y colorea las figuras de cada categoría. **2.** Observa
las categorías del Ejercicio 1. Cuenta cuántas hay en cada categoría. Encierra en un
círculo las categorías que tengan dos figuras. Escribe el número.

Capítulo 12

Repaso de la lección (K.MD.B.3)

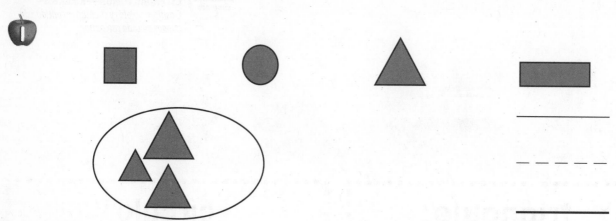

Repaso en espiral (K.OA.A.3, K.MD.A.2)

INSTRUCCIONES **1.** Observa el conjunto de figuras. ¿Cuál figura pertenece a la misma categoría? Dibuja esa figura en el círculo ovalado. ¿Cuántas figuras hay en la categoría ahora? Escribe el número. **2.** Busca dos crayones. Pon el extremo de cada crayón en la línea. Compara las longitudes. Dibuja los crayones. Di *más largo que*, *más corto que*, o *casi de la misma longitud* para describir las longitudes. Encierra en un círculo ambos crayones si son aproximadamente del mismo tamaño. Encierra en un círculo el crayón más largo si un crayón es más largo que otro. **3.** Completa el enunciado de suma para mostrar los números que se relacionan con el tren de cubos.

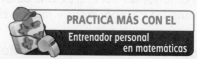
PRACTICA MÁS CON EL
Entrenador personal
en matemáticas

Nombre _____

Álgebra • Clasificar y contar por tamaño

Pregunta esencial ¿Cómo clasificas y cuentas los objetos por su tamaño?

Estándares comunes Medición y datos—K.MD.B.3
PRÁCTICAS MATEMÁTICAS
MP2, MP5, MP6

Escucha y dibuja

grande	pequeño

INSTRUCCIONES Clasifica un puñado de figuras por tamaño. Dibuja y colorea las formas.

Capítulo 12 • Lección 3

seiscientos noventa y nueve **699**

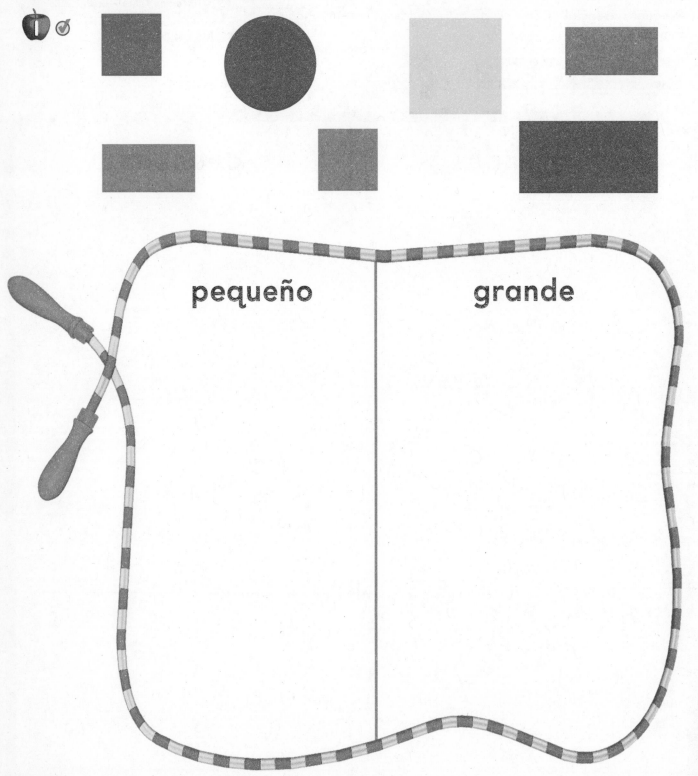

pequeño   grande

INSTRUCCIONES   I. Coloca las figuras como se muestra.
Clasifica las figuras según la categoría de tamaño. Dibuja y
colorea las figuras de cada categoría.

Nombre _____

2

4

pequeño   grande

_____
- - - - - - - - -
_____

3

3

pequeño   grande

_____
- - - - - - - - -
_____

INSTRUCCIONES Observa las categorías de tamaño del Ejercicio I. Cuenta cuántos hay en cada categoría. **2.** Encierra en un círculo la categoría que tenga cuatro por categoría. Escribe el número. **3.** Encierra en un círculo la categoría que tenga tres por categoría. Escribe el número.

ACTIVIDAD PARA LA CASA • Pida a su niño que clasifique algunos objetos según las categorías de tamaño.

Capítulo I2 • Lección 3

setecientos uno **701**

Revisión de la mitad del capítulo

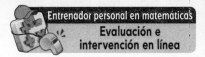
Entrenador personal en matemáticas
Evaluación e
intervención en línea

Conceptos y destrezas

1

2

3 PIENSA MÁS

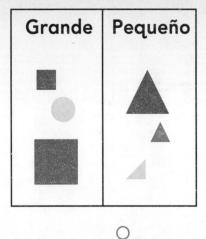
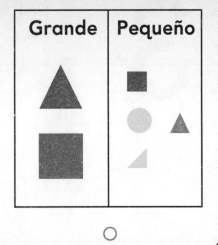

Grande	Pequeño	Grande	Pequeño	Grande	Pequeño

○   ○   ○

INSTRUCCIONES **1.** Observa el conjunto del principio de la hilera. Encierra en un círculo la figura que pertenezca a ese conjunto. (K.MD.B.3) **2.** Observa la figura del principio de la hilera. Marca con una X el conjunto al que pertenece esa figura. (K.MD.B.3) **3.** Marca la tabla que muestra las figuras clasificadas correctamente. (K.MD.B.3)

702 setecientos dos

Nombre_____

Álgebra • Clasificar
y contar por tamaño

ESTÁNDAR COMÚN—K.MD.B.3
Clasifican objetos y cuentan la cantidad de objetos en cada categoría.

pequeño	grande

2

pequeño   grande

INSTRUCCIONES   1. Pon un cuadrado amarillo, un círculo azul, un rectángulo rojo y un rectángulo azul en la parte superior de la página, como se muestra. Clasifica las figuras por categoría de tamaño. Dibuja y colorea las figuras de cada categoría.   **2.** Observa las categorías del Ejercicio I. Cuenta cuántas hay en cada categoría. Encierra en un círculo la categoría que tenga I figura. Escribe el número.

Capítulo 12

Repaso de la lección (K.MD.B.3)

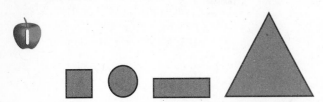

pequeño	grande

Repaso en espiral (K.OA.A.5, K.G.A.2)

2

_____

_ _ _ _ _

_____

3

INSTRUCCIONES 1. Clasifica las figuras por categoría de tamaño. Dibuja las figuras en cada categoría. **2.** ¿Cuántas superficies planas tiene el cilindro? Escribe el número. **3.** Sarah hace un tren de cinco cubos. Ella separa los cubos del tren para mostrar cuántos cubos son grises. Traza y escribe para mostrar el enunciado de resta para el tren de cubos de Sarah.

PRACTICA MÁS CON EL
Entrenador personal
en matemáticas

Nombre _____

Hacer una gráfica concreta

Pregunta esencial ¿Cómo puedes hacer una gráfica para contar objetos clasificados por categorías?

Estándares comunes

Medición y datos—K.MD.B.3
También K.CC.C.6
PRÁCTICAS MATEMÁTICAS
MP2, MP6, M8

Escucha y dibuja

Cubos anaranjados y verdes

INSTRUCCIONES Pon un puñado de cubos anaranjados y verdes en el lugar de trabajo. Clasifica los cubos según la categoría de color. Mueve los cubos a la gráfica, según su categoría. Dibuja y colorea los cubos. Dile a un amigo cuántos hay en cada categoría.

© Houghton Mifflin Harcourt Publishing Company

Capítulo 12 • Lección 4

1

2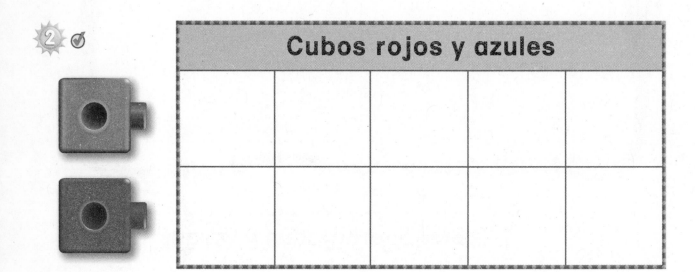

Cubos rojos y azules

3

_____   _____

- - - - - -   - - - - - -

_____   _____

INSTRUCCIONES 1. Pon un puñado de cubos rojos y azules en el lugar de trabajo. Separa y clasifica los cubos por categoría. 2. Mueve los cubos a la gráfica. Dibuja y colorea los cubos. 3. Escribe cuántos cubos hay de cada color.

Nombre _____

4

5

Círculos y triángulos verdes

6

_____   _____

- - - - - -   - - - - - -

_____   _____

INSTRUCCIONES 4. Pon un puñado de círculos y triángulos verdes en el lugar de trabajo. Clasifica las figuras por categoría. **5.** Mueve las figuras a la gráfica. Dibuja y colorea las figuras. **6.** Escribe cuántas figuras hay de cada categoría.

Resolución de problemas • Aplicaciones En el mundo

⑦ ESCRIBE

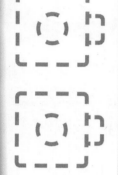

Mi gráfica				

_____
- - - - -
_____
_____
- - - - -
_____

INSTRUCCIONES   7. Usa cinco cubos de dos colores. Colorea los cubos para mostrar las categorías. Dibuja y colorea para mostrar lo que sabes sobre hacer una gráfica con esos cubos. ¿Cuántos hay en cada categoría? Escribe los números.

 ACTIVIDAD PARA LA CASA • Pida a su niño que le comente sobre la gráfica que hizo en esta página.

708 setecientos ocho

Hacer una gráfica concreta

Estándares comunes

ESTÁNDAR COMÚN—K.MD.B.3
Clasifican objetos y cuentan la cantidad de objetos en cada categoría.

1

2

Círculos y triángulos					

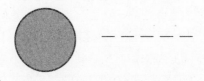

3

INSTRUCCIONES   1. Pon un puñado de círculos y triángulos verdes en el lugar de trabajo. Clasifica las figuras por categoría.   **2.** Mueve las figuras a la gráfica. Dibuja y colorea las figuras.   **3.** Escribe cuántas figuras hay de cada una.

Repaso de la lección (K.MD.B.3)

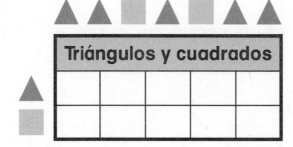

Triángulos y cuadrados				

▲ _____ 　　　■ _____

_____ 　　　_____

Repaso en espiral (K.CC.A.3, K.MD.A.2)

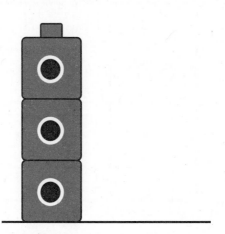

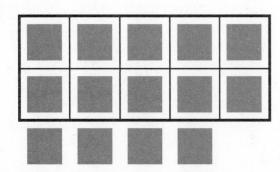

_____

- - - - - - - - -

_____

DIRECTIONS **I.** Observa las figuras. Dibuja y colorea las figuras en la gráfica. Escribe cuántas hay de cada figura. **2.** Haz un tren de cubos que tenga casi la misma altura que el tren de cubos que se muestra. Dibuja y colorea el tren de cubos. **3.** ¿Cuántas fichas cuadradas hay? Escribe el número.

710 setecientos diez

PRACTICA MÁS CON EL
Entrenador personal
en matemáticas

Nombre _____

Resolución de problemas •
Leer una gráfica

Pregunta esencial ¿Cómo lees una gráfica para contar los objetos que se han clasificado por categorías?

Estándares comunes **Medición y datos—K.MD.B.3**
También K.CC.C.6
PRÁCTICAS MATEMÁTICAS
MP2, MP6, MP8

🔑 Soluciona el problema

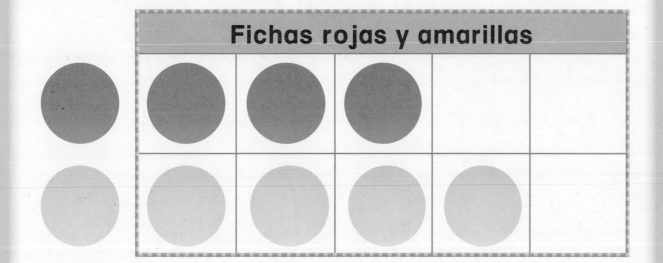

Fichas rojas y amarillas

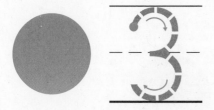

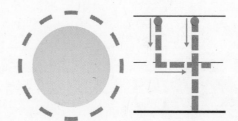

INSTRUCCIONES Erin hizo una gráfica con sus fichas. ¿Cuántas fichas hay en cada categoría? Traza los números. Traza un círculo para mostrar qué categoría tiene más fichas.

Capítulo 12 • Lección 5

setecientos once **711**

Colores de fichas

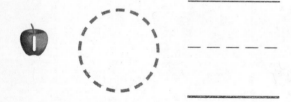

INSTRUCCIONES 1. Billy hizo una gráfica mostrando sus fichas. Colorea las fichas para mostrar las categorías. ¿Cuántas fichas hay en cada categoría? Escribe los números. 2. Encierra en un círculo la categoría que tenga más fichas en la gráfica.

Nombre _____

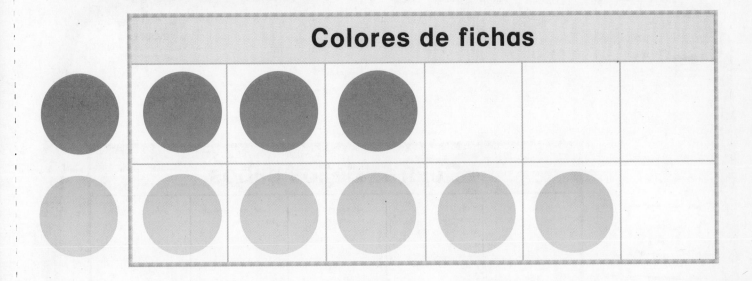

Colores de fichas

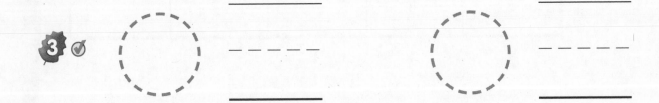

3 ⊘

4 ⊘

INSTRUCCIONES   3. Rong hizo una gráfica de sus fichas. Colorea las fichas para mostrar las categorías. ¿Cuántas fichas hay en cada categoría? Escribe los números. **4.** Encierra en un círculo la categoría que tenga menos fichas en la gráfica.

Por tu cuenta *En el mundo*

ESCRIBE

5

Colores de los cubos				

INSTRUCCIONES   5. Brian tiene más cubos azules que rojos. Dibuja y colorea para mostrar los cubos en la gráfica. Cuenta cuántos hay en cada categoría. Escribe los números.

ACTIVIDAD PARA LA CASA • Pida a su niño que le hable sobre la gráfica que hizo en esta página. Pregúntele qué categoría tiene más cubos y cuál tiene menos cubos.

Leer una gráfica

Estándares comunes

ESTÁNDAR COMÚN—K.MD.B.3
Clasifican objetos y cuentan la cantidad de objetos en cada categoría.

Color de las fichas

R	R	R	R	R	
A	A	A	A		

1

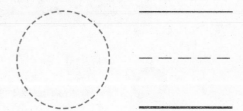

2

INSTRUCCIONES 1. Colorea las fichas para mostrar las categorías. R es para rojo y A para amarillo. ¿Cuántas fichas hay en cada categoría? Escribe los números. **2.** Encierra en un círculo la categoría que tenga más fichas en la gráfica.

Repaso de la lección (K.MD.B.3)

1

Color de las fichas

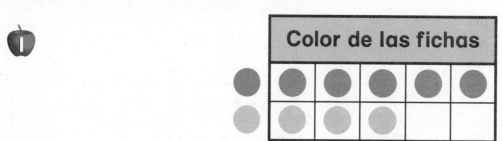

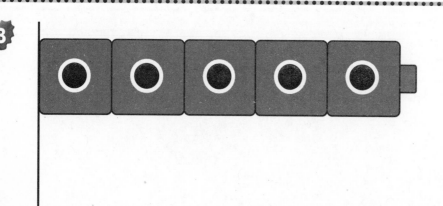

Repaso en espiral (K.OA.A.3, K.MD.A.2)

2

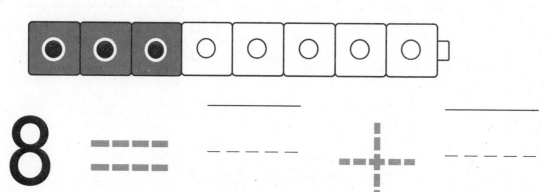

8 = _____ + _____

3

© Houghton Mifflin Harcourt Publishing Company

INSTRUCCIONES **1.** ¿Cuántas fichas hay en cada categoría? Escribe los números. Encierra en un círculo la categoría que tenga más fichas. **2.** Completa el enunciado de suma para mostrar los números que se relacionan con el tren de cubos. **3.** Haz un tren de cubos que tenga casi la misma longitud que el tren de cubos que se muestra. Dibuja y colorea el tren de cubos.

PRACTICA MÁS CON EL
Entrenador personal
en matemáticas

Repaso y prueba del Capítulo 12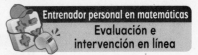

Entrenador personal en matemáticas
Evaluación e
intervención en línea

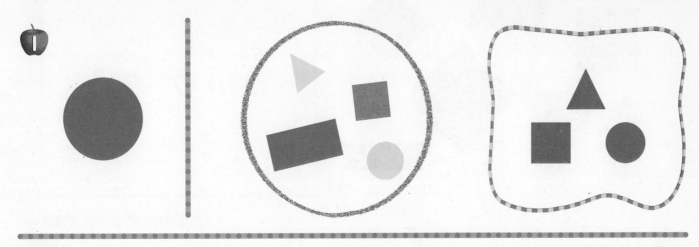

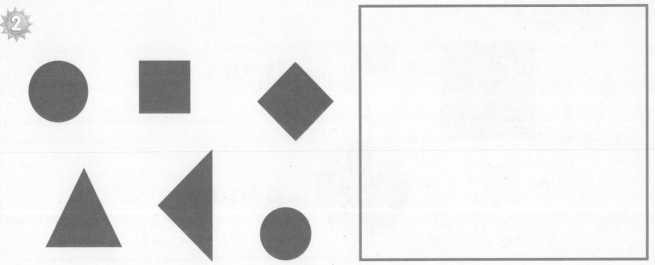

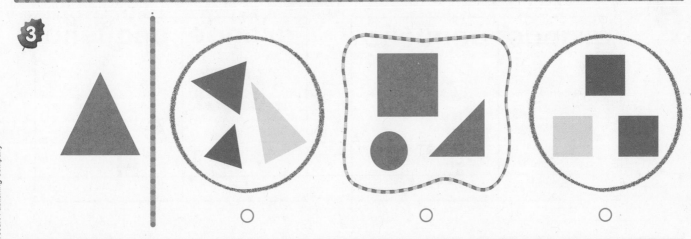

INSTRUCCIONES 1. Lin clasificó algunas figuras en categorías por color. Mira la figura al principio de la fila. Marca con una X la categoría que muestra el lugar donde pertenece la figura. **2.** Dibuja y colorea una figura que pertenezca a esta categoría. **3.** Mira la figura al principio de la hilera. Marca bajo todas las categorías a las que pertenezca.

Opciones de evaluación
Prueba del capítulo

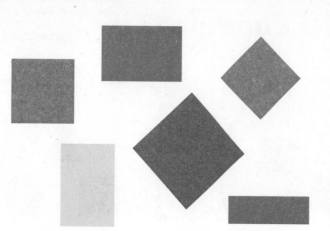

5 PIENSA MÁS +

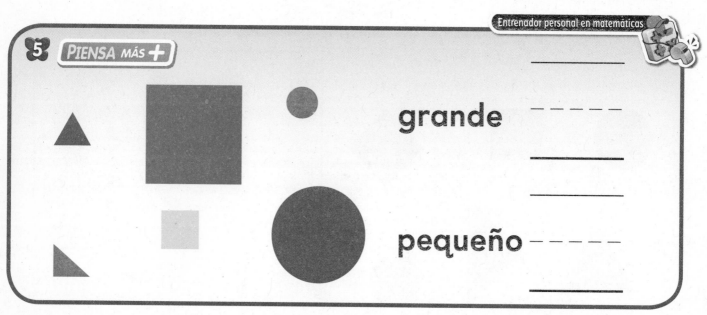

grande

pequeño

6

grande	pequeño

○

grande	pequeño

○

INSTRUCCIONES **4.** Dibuja y colorea una figura que pertenezca a esta categoría.
5. Pon una X en cada figura grande. Escribe cuántos objetos grandes hay. Dibuja un círculo alrededor de cada uno de los objetos pequeños. Escribe cuántos objetos pequeños hay. **6.** Marca la tabla que muestra las figuras clasificadas correctamente.

© Houghton Mifflin Harcourt Publishing Company

Nombre _____

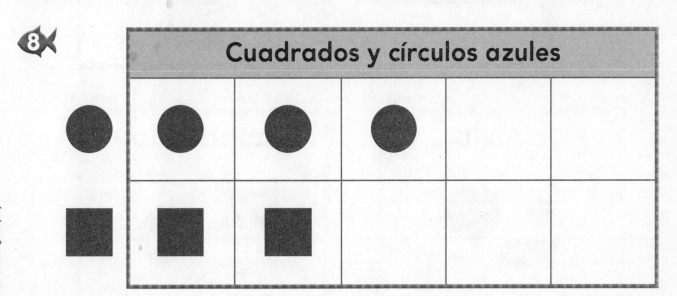

7 PIENSA MÁS +

Entrenador personal en matemáticas

Triángulos y círculos

_____   _____

- - - - - - -   - - - - - - -

_____   _____

8

Cuadrados y círculos azules

INSTRUCCIONES **7.** Clasifica las figuras por categoría. Dibuja cada figura en la gráfica. Escribe cuántas hay de cada figura. **8.** Jake clasificó algunas figuras. Luego hizo una gráfica. Cuenta cuántas figuras hay en cada categoría. Pon una X en la categoría que tiene más figuras.

© Houghton Mifflin Harcourt Publishing Company

Capítulo 12

setecientos diecinueve **719**

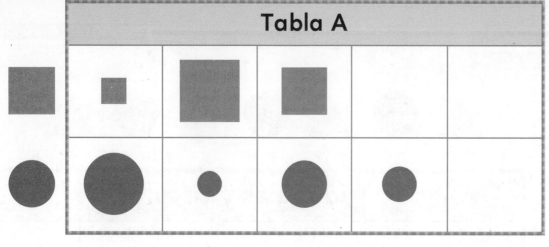

Tabla A				

color   Sí ○   No ○

tamaño   Sí ○   No ○

figura   Sí ○   No ○

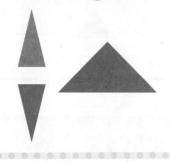

triángulo

○

rectángulo

○

círculo

○

cuadrado

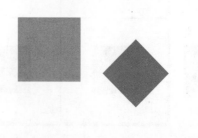

○

INSTRUCCIONES   **9.** ¿Está la tabla clasificada por color, tamaño y figura?
Elige Sí o No.   **10.** Elige todos los conjuntos con el mismo número de objetos.

Glosario ilustrado

al lado de [next to]

El arbusto está al lado del árbol.

apilar [stack]

arriba, encima [above]

La cometa está por encima del conejo.

categoría [category]

frutas

juguetes

catorce [fourteen]

cero, ninguno [zero, none]

cero peces

cien [one hundred]

1	2	3	4	5	6	7	8	9	10
11	12	13	14	15	16	17	18	19	20
21	22	23	24	25	26	27	28	29	30
31	32	33	34	35	36	37	38	39	40
41	42	43	44	45	46	47	48	49	50
51	52	53	54	55	56	57	58	59	60
61	62	63	64	65	66	67	68	69	70
71	72	73	74	75	76	77	78	79	80
81	82	83	84	85	86	87	88	89	90
91	92	93	94	95	96	97	98	99	100

cilindro [cylinder]

cinco [five]

cincuenta [fifty]

1	2	3	4	5	6	7	8	9	10
11	12	13	14	15	16	17	18	19	20
21	22	23	24	25	26	27	28	29	30
31	32	33	34	35	36	37	38	39	40
41	42	43	44	45	46	47	48	49	50

círculo [circle]

clasificar [classify]

manzanas

no son manzanas

color [color]

rojo
[red]

azul
[blue]

amarillo
[yellow]

verde
[green]

anaranjado
[orange]

comparar [compare]

cono [cone]

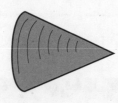

cuadrado [square]

cuatro [four]

cubo [cube]

curva [curve]

de la misma altura
[same height]

de la misma longitud [same length]

debajo [below]

El conejo está **debajo** de la cometa.

decenas [tens]

1	2	3	4	5	6	7	8	9	10
11	12	13	14	15	16	17	18	19	20
21	22	23	24	25	26	27	28	29	30
31	32	33	34	35	36	37	38	39	40
41	42	43	44	45	46	47	48	49	50
51	52	53	54	55	56	57	58	59	60
61	62	63	64	65	66	67	68	69	70
71	72	73	74	75	76	77	78	79	80
81	82	83	84	85	86	87	88	89	90
91	92	93	94	95	96	97	98	99	100

↑
decenas

del mismo peso [same weight]

deslizar [slide]

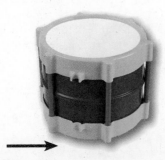

detrás [behind]

La caja está **detrás** de la niña.

diecinueve [nineteen]

dieciocho [eighteen]

dieciséis [sixteen]

diecisiete [seventeen]

diez [ten]

diferente [different]

doce [twelve]

dos [two]

el mismo número
[same number]

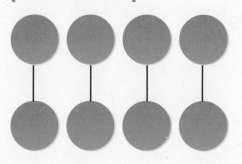

emparejar [match]

enfrente [in front of]

La caja está **enfrente** de
la niña.

es igual a [is equal to]

$$3 + 2 = 5$$
3 + 2 **es igual a** 5

esfera [sphere]

esquina [corner]

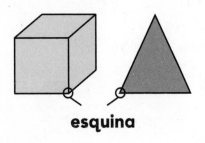

esquina

figuras bidimensionales
[two–dimensional shapes]

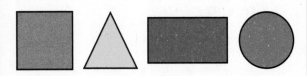

figuras tridimensionales
[three–dimensional shapes]

forma/figura [shape]

gráfica [graph]

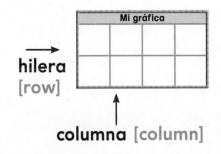

Mi gráfica

hilera
[row]

columna [column]

grande [big]

grande

hexágono [hexagon]

H6

igual [alike]

junto a [beside]

El árbol está **junto al** arbusto.

lado [side]

lado

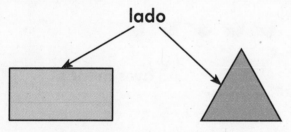

lados de la misma longitud
[sides of equal length]

más [more]

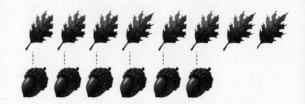

2 hojas **más**

más + [plus]

2 **más** I es igual a 3.

2 + I = 3

más alto [taller]

más alto

más corto [shorter]

más corto

más grande [larger]

2   3

Una cantidad de 3 es **más grande** que una cantidad de 2.

más largo [longer]

más largo

más liviano [lighter]

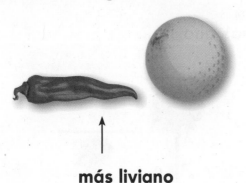

más liviano

más pesado [heavier]

más pesado

mayor [greater]

9 es **mayor** que 6

6

9

menor/menos [less]

9 es **menor** que 11

9

11

menos [fewer]

3 aves **menos**

menos – [minus]

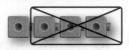

4 – 3 = 1

4 **menos** 3 es igual a 1

nueve [nine]

ocho [eight]

once [eleven]

pares [pairs]

3

3	0
2	1
1	2
0	3

pares de números que forman 3

pequeño [small]

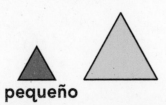

pequeño

plano [flat]

Un círculo es una figura plana.

quince [fifteen]

rectángulo [rectangle]

restar [subtract]

Resta para descubrir cuántos quedan.

rodar [roll]

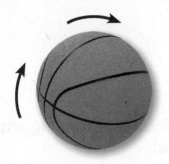

seis [six]

siete [seven]

sólido [solid]

sólido

El cilindro es una figura **sólida.**

sumar [add]

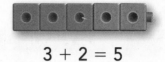

3 + 2 = 5

superficie curva
[curved surface]

Algunos sólidos tienen una **superficie curva.**

superficie plana [flat surface]

Algunos sólidos tienen una **superficie plana.**

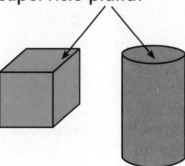

tamaño [size]

grande   pequeña

trece [thirteen]

tres [three]

triángulo [triangle]

unidades [ones]

3 unidades

uno [one]

veinte [twenty]

vértice [vertex]

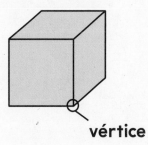

vértice

vértices [vertices]

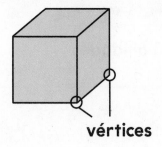

vértices

y [and]

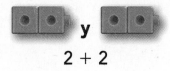

y

2 + 2

Correlaciones

ESTÁNDARES ESTATALES COMUNES

Estándares que aprenderás

Prácticas matemáticas		Ejemplos:
MP1	Dan sentido a los problemas y perseveran en su resolución.	Lecciones 1.3, 1.5, 1.9, 3.9, 5.1, 5.3, 5.4, 5.6, 5.7, 6.1, 6.3, 6.4, 6.5, 6.6, 7.6, 11.3, 11.5
MP2	Razonan de forma abstracta y cuantitativa.	Lecciones 1.1, 1.2, 1.3, 1.4, 1.5, 1.6, 1.8, 1.9, 1.10, 2.2, 2.3, 2.5, 3.2, 3.4, 3.6, 3.8, 4.2, 4.4, 5.1, 5.2, 5.3, 5.4, 5.5, 5.6, 5.7, 5.8, 5.9, 5.10, 5.11, 5.12, 6.1, 6.2, 6.3, 6.4, 6.5, 6.6, 6.7, 7.1, 7.2, 7.3, 7.4, 7.5, 7.6, 7.7, 7.8, 7.9, 7.10, 8.1, 8.2, 8.3, 9.4, 9.6, 9.8, 9.10, 10.3, 10.4, 10.5, 12.1, 12.2, 12.3, 12.4, 12.5
MP3	Construyen argumentos viables y critican el razonamiento de otros.	Lecciones 2.1, 2.2, 2.3, 2.4, 2.5, 3.9, 7.1, 7.3, 7.7, 7.9, 10.7, 10.9, 10.10, 11.1, 11.2, 11.3, 11.4, 11.5
MP4	Representación a través de las matemáticas.	Lecciones 1.7, 1.9, 2.4, 3.1, 3.9, 4.1, 4.3, 4.5, 5.2, 5.3, 5.4, 6.2, 6.3, 6.4, 7.6, 8.4, 10.6, 10.8, 10.9, 10.10
MP5	Utilizan las herramientas apropiadas estratégicamente.	Lecciones 1.8, 2.1, 2.2, 2.3, 2.4, 3.1, 3.3, 3.5, 3.7, 4.1, 4.5, 5.2, 6.2, 6.7, 7.5, 8.1, 8.4, 9.1, 9.2, 9.3, 9.5, 9.7, 9.9, 9.11, 9.12, 10.1, 10.2, 10.3, 10.4, 10.5, 10.6, 11.1, 11.2, 11.4, 12.1, 12.2, 12.3
MP6	Ponen atención a la precisión.	Lecciones 2.5, 4.6, 4.7, 8.1, 8.7, 9.1, 9.3, 9.5, 9.7, 9.9, 10.1, 10.2, 10.3, 10.4, 10.5, 10.9, 10.10, 11.1, 11.2, 11.3, 11.4, 11.5, 12.1, 12.2, 12.3, 12.4, 12.5
MP7	Reconocen y utilizan estructuras.	Lecciones 1.7, 1.8, 3.1, 3.3, 3.5, 3.7, 4.3, 5.5, 5.8, 5.9, 5.10, 5.11, 5.12, 7.1, 7.2, 7.3, 7.4, 7.5, 7.7, 7.8, 7.9, 7.10, 8.5, 8.6, 8.7, 8.8, 9.1, 9.2, 9.3, 9.4, 9.5, 9.6, 9.7, 9.8, 9.9, 9.10, 9.11, 9.12, 10.1, 10.2, 10.6

Estándares que aprenderás

Prácticas matemáticas		Ejemplos:
MP8	Reconocen y expresan regularidad en el razonamiento repetitivo.	Lecciones 3.3, 3.5, 3.7, 4.5, 4.6, 4.7, 5.5, 6.7, 7.2, 7.4, 7.8, 7.10, 8.5, 8.6, 8.7, 8.8, 9.4, 9.6, 9.8, 9.10, 9.11, 9.12, 10.7, 12.4, 12.5
Dominio: Conteo y números cardinales		**Lecciones de la edición del estudiante**
Conoce el nombre del número y la secuencia de conteo.		
K.CC.A.1	Cuenta hasta 100 de uno en uno y diez en diez.	Lecciones 8.5, 8.6, 8.7, 8.8
K.CC.A.2	Cuentan hacia delante desde un número dado dentro de una secuencia conocida (en lugar de comenzar con el 1).	Lecciones 4.4, 8.3, 8.5
K.CC.A.3	Escriben números del 0 al 20. Representan un número de objetos con un número escrito del 0–20 (en donde el número 0 representa la ausencia de objetos).	Lecciones 1.2, 1.4, 1.6, 1.9, 1.10, 3.2, 3.4, 3.6, 3.8, 4.2, 8.2
Cuenta para expresar el número de objetos		
K.CC.B.4a	Comprenden la relación entre números y cantidades; relacionan el conteo y la cardinalidad. a. Al contar objetos, dicen los nombres de los números en el orden convencional, emparejando cada objeto con un solo número y cada número con un solo objeto.	Lecciones 1.1, 1.3, 1.5
K.CC.B.4b	Comprenden la relación entre números y cantidades; relacionan el conteo y la cardinalidad. b. Comprenden que el último número que se dice indica la cantidad de objetos contados. La cantidad de objetos no cambia independientemente de la manera en que se les organiza si se les reorganiza o si se cambia el orden en que se contaron.	Lección 1.7
K.CC.B.4c	Comprenden la relación entre números y cantidades; relacionan el conteo y la cardinalidad. c. Comprenden que cada número sucesivo se refiere a una cantidad que es uno más que la cantidad anterior.	Lección 1.8

Estándares que aprenderás

Dominio: Conteo y números cardinales

Cuenta para expresar el número de objetos

K.CC.B.5	Cuentan para responder preguntas sobre "¿cúantos hay?" sobre una serie de hasta 20 objetos, ordenados en línea, de forma rectangular o circular, o sobre una serie de 10 objetos que estén esparcidos; dado un número del 1 al 20, cuentan los objetos.	Lecciones 3.1, 3.3, 3.5, 3.7, 4.1, 8.1

Compare numbers.

K.CC.C.6	Identifican si el número de objetos de un grupo es mayor que, menor que, o igual que el número de objetos en otro grupo, por ejemplo, al usar estrategias para contar y para emparejar.	Lecciones 2.1, 2.2, 2.3, 2.4, 2.5, 3.9, 4.5, 4.6, 8.4
K.CC.C.7	Comparan dos números entre 1 y el 10 representados por numerales escritos.	Lecciones 3.9, 4.7, 8.6

Dominio: Operaciones y pensamiento algebraico

Entienden la suma como juntar y agregar, y entienden la resta como separar y quitar.

K.OA.A.1	Representan la suma y la resta con objetos, dedos, imágenes mentales, dibujos, sonidos (por ejemplo, palmadas), dramatizaciones, explicaciones verbales, expresiones, o ecuaciones.	Lecciones 5.1, 5.2, 5.3, 6.1, 6.2, 6.3
K.OA.A.2	Resuelven problemas verbales de sumal y resta, y suman y restan hasta 10, por ejemplo, utiliza objetos o dibujos para representar el problema.	Lecciones 5.7, 6.6, 6.7
K.OA.A.3	Descomponen números menores que o iguales a 10 en pares de varias maneras, por ejemplo, utilizan objetos o dibujos, y representan cada descomposición con un dibujo o una ecuación (por ejemplo, $5 = 2 + 3$ y $5 = 4 + 1$).	Lecciones 1.7, 4.1, 5.8, 5.9, 5.10, 5.11, 5.12

Estándares que aprenderás

Dominio: Operaciones y pensamiento algebraico

Entienden la suma como juntar y agregar, y entienden la resta como separar y quitar.

K.OA.A.4	Para culaquier número entre el 1 al 9, hallan el número que llega al 10 cuando se le suma al número determinado, por ejemplo, al utiizar objetos o dibujos, y representar la respuesta con un dibujo o una ecuación.	Lecciones 4.3, 5.5
K.OA.A.5	Suman y restan con fluidez de y hasta el número 5	Lecciones 5.4, 5.6, 6.4, 6.5

Dominio: Número y operaciones en base diez

Trabajan con los números del 11 al 19 para establecer los fundamentos del valor posicional.

K.NBT.A.1	Componen y descomponen números del 11 al 19 en diez unidades y algunas más, por ejemplo, al utilizar objetos o dibujos, y representar cada composición o descomposición por medio de un dibujo o ecuación (por ejemplo, $18 = 10 + 8$); comprenden que estos números están compuestos por diez unidades y una, dos, tres, cuatro, cinco, seis, siete, ocho o nueve unidades.	Lecciones 7.1, 7.2, 7.3, 7.4, 7.5, 7.7, 7.8, 7.9, 7.10

Dominio: Medición y datos

Describen y comparten atributos medibles.

K.MD.A.1	Describen los atributos de objetos que se pueden medir, tales como la longitud y el peso. Describen varios atributos medibles de un objeto.	Lección 11.5
K.MD.A.2	Comparan directamente dos objetos que tengan en común un atributo que se puede medir para saber cuál objeto tiene "más de o menos de" el atributo y describen la diferencia.	Lecciones 11.1, 11.2, 11.3, 11.4

Dominio: Medición y datos

Clasifican objetos y cuentan la cantidad de objetos en cada categoría.

K.MD.B.3	Clasifican objetos en categorías determinadas; cuentan la cantidad de objetos en cada categoría y clasifican las categorías según su numero.	Lecciones 12.1, 12.2, 12.3, 12.4, 12.5

Dominio: Geometría

Identifican y describen las figuras geométricas (cuadrados, rectángulos, círculos, triángulos, hexágonos, cubos, conos, cilindros, y esferas).

K.G.A.1	Describen objetos en su entorno utilizando los nombres de las figuras geométricas, y describen las posiciones relativas de estos objetos utilizando términos como *encima de, debajo de, junto a, en frente de, detrás de* y *al lado de.*	Lecciones 10.8, 10.9, 10.10
K.G.A.2	Nombran correctamente las figuras geométricas sin importar su orientación o su tamaño.	Lecciones 9.1, 9.3, 9.5, 9.7, 9.9, 10.2, 10.3, 10.4, 10.5
K.G.A.3	Identifican las figuras geométricas como bi-dimensionales (ubicadas en un plano, "planas") o tri-dimensionales ("sólidas").	Lección 10.6

Analizan, comparan, crean, y componen figuras geométricas.

K.G.B.4	Analizan y comparan figuras geometrícas bi- y tri- dimensionales, de diferentes tamaños y orientaciones utilizando lenguaje informal para describir sus semejanzas, diferencias, partes (por ejemplo, número de lados y vértices/"esquinas"), y otros atributos (por ejemplo, que tengan lados de igual longitud).	Lecciones 9.2, 9.4, 9.6, 9.8, 9.10, 9.11, 10.1
K.G.B.5	Realizan modelos con figuras geométricas que existen en el mundo a través de la construcción de figuras con diferentes materiales (por ejemplo, palitos y bolas de plastilina) y dibujan figuras geométricas.	Lección 10.7
K.G.B.6	Componen figuras geometrícas sencillas para formar figuras geométricas más grandes.	Lección 9.12

Índice

N

O

V